DNA

잇츠북 개똥하늘 | 일곱 번째 동화

잇츠북이 어린이 여러분에게 가족 사랑과 우정의 메시지를 드립니다.

DNA 반딧불이의 노래

초판 1쇄 2023년 6월 25일 초판 2쇄 2024년 9월 30일

글 이하은
그림 전명진

펴낸이 김주한
책임편집 한소영
책임마케팅 김민석
책임홍보 옥정연
디자인 아빠해마 김승우
인쇄 이룸프레스
펴낸곳 잇츠북
출판등록 제406-251002015000039호
제조국 대한민국 **사용연령** 8세 이상
주소 (10881) 경기도 파주시 회동길 471(문발동) 몽스패밀리Bd. 301호·302호

ⓒ 이하은, 전명진, 아빠해마, 2023

ISBN 979-11-92182-62-9 74810
ISBN 979-11-87903-24-6 (세트)

저자와의 협의에 따라 인지는 붙이지 않습니다.
이 책을 무단 복사, 복제, 전재하는 것은 저작권법에 저촉됩니다.
※ 잘못된 책은 서점에서 바꾸어 드립니다.

DNA

반딧불이의 노래

글 이하은 그림 전명진

잇츠북

차례

넌 배신자야 _ 7
머릿속이 뒤죽박죽 _ 17
번개 구조대 _ 28
실록 작가와의 만남 _ 37
꼭 네 도움이 필요해 _ 48
셜록 홈스처럼 _ 56
김 진사의 정의로움 _ 73

빼앗긴 유언장 _ 94

머슴살이 5일 _ 104

뜨거운 마음을 보여 주는 방법 _ 119

위대한 유산 _ 129

반딧불이의 노래 _ 143

가장 가까운 구조대 _ 154

우정과 우정 _ 162

작가의 말 _ 172

넌 배신자야

창해는 네트 맞은편에 선 승민이를 쏘아보았다. 승민이는 수비 자세를 하고 제자리에서 펄쩍거렸다.

'쳇, 비싼 운동화 신고 비싼 라켓만 들면 이길 줄 알고?'

창해는 침착하게 승민이 왼쪽을 공격했다. 마치 먹이를 낚아채려는 매처럼 날렵하게 날아올라 라켓을 휘둘렀다.

스매싱!

코트 귀퉁이에 날카롭게 내리꽂힌 셔틀콕을 승민이가 멍하니 바라보았다.

승민이도 반격했지만 창해와 파트너인 강호가 재빠르게 수비를 했다.

점수 차가 점점 벌어지자 승민이 얼굴이 붉으락푸르락 달아올랐다.

"아이 씨!"

"승민아, 힘이 아니고 빠르게 치는 거야. 그립 쥔 손에 힘을 빼고 가볍게 돌려!"

코치 선생님이 기술을 지도해 주었다.

그런데 승민이가 갑자기 코치 선생님에게 달려갔다. 아무리 연습 경기라지만 어처구니가 없어 다들 지켜보았다. 한번씩 튀어나오는 제멋대로 병이다.

"샘, 파트너 바꿀래요. 제가 강호랑 할래요."

"그게……. 일단 연습 경기는 계속하고, 나중에 생각해 보자."

코치 선생님은 승민이가 갑자기 떼를 쓰자 난감한 표정을 지었다.

창해와 강호는 복식 경기 할 때 손발이 잘 맞아서 환상의 복식조라고 불렸다. 그래서 지역 대회에 나갈 준비를 하고 있었다.

"선생님, 제가 승민이랑 파트너 할게요."

강호도 창해 의견은 묻지도 않고, 짝을 바꾸겠다고 나섰다. 승민이 파트너인 재영이가 떨떠름한 표정으로 창해를 쳐다보

앉다. 창해는 그저 지켜볼 수밖에 없었다. 복식은 둘이서 손발을 맞추고 한마음이 되어야 하는데 이미 강호의 마음이 떠났으니 붙잡아도 아무 소용이 없을 것 같았다.

"승민이 할아버지다!"

그때 아이들 눈길이 일제히 강당 문 쪽으로 향했다.

승민이 할아버지가 앞장서고 그 뒤로 배달 아저씨가 상자를 여러 개 안고 왔다. 고소한 햄버거 냄새가 대번에 강당 안을 채웠다. 승민이와 강호가 달려가자 연습하던 아이들도 우르르 몰려갔다.

창해는 못 본 척 배드민턴 라켓을 쥐고 셔틀콕을 벽에 치고 받기를 반복했다. 상어 떼가 득시글거리는 바다에 빠진 것 같았다. 코치 선생님이 부르자 창해는 그제야 느릿느릿 다가갔다.

승민이 할아버지는 배드민턴부 후원회장이다. 양복을 차려입고 번쩍거리는 구두를 신었는데 움직일 때마다 향수 냄새가 났다. 두툼한 얼굴은 주름살 없이 번들거려서 나이보다 젊어 보였다. 머리부터 발끝까지 세련된 티가 줄줄 흘렀다.

승민이 할아버지가 수건으로 승민이 얼굴의 땀을 닦아 주었다. 승민이가 아기처럼 얼굴을 들이밀었다.

창해는 끔찍한 장면이라도 본 것처럼 고개를 돌렸다.

코치 선생님이 종이 상자를 뜯고 유명 상표가 새겨진 유니폼을 나누어 주었다. 그것도 승민이 할아버지가 사 온 선물이었다. 성질 급한 아이들은 그 자리에서 바로 새 유니폼으로 갈아입었다. 노랑과 파랑이 섞인 화려한 유니폼은 마치 프로 선수 유니폼처럼 근사하게 보였다.

창해는 유니폼 봉지를 받아 들고 만지작거렸다.

"애들아, 승민이 할아버지께 인사 드려야지."

코치 선생님이 활짝 웃으며 말했다.

"감사합니다!"

아이들의 우렁찬 대답 소리가 강당을 가득 메웠다. 그중에 강호 목소리가 유난히 튀어나왔다.

승민이 할아버지는 아이들에게 선물뿐 아니라 인자한 눈빛과 따뜻한 미소도 듬뿍 나누어 주었다. 모든 아이들을 승민이와 똑같은 손자로 여기는 것 같았다.

"할아버지, 승민이하고 제가 한 팀이 되기로 했어요."

강호가 코치 선생님을 힐끗 쳐다보며 말했다. 코치 선생님도 어벌쩡하게 넘기고 말았다. 결국 저희들 멋대로 파트너를 바꾼 것이다.

"잘되었구나!"

승민이 할아버지가 입을 크게 벌리고 웃었다.

강호는 공손한 태도로 서서는 승민이 할아버지를 존경하

는 눈빛으로 우러러보았다.

창해는 강호 때문에 속이 더 쓰렸다.

"창해야, 너도 받아라."

승민이 할아버지가 일부러 창해를 찾아 햄버거와 콜라를 건네주었다. 보드랍고 따뜻한 손이 창해 손에 닿았다. 창해는 손에 지렁이라도 닿은 듯 몸을 움츠렸다. 승민이 할아버지는 창해 할아버지와 친구 사이였다. 친구보다 형제보다 더 친한 사이라더니 요즘은 개와 고양이처럼 원수가 되었다.

아이들은 햄버거를 입이 미어터지도록 씹고 콜라를 입속에 부어 대며 수다를 떨었다. 창해는 마지못해 받은 햄버거와 콜라를 상자 안에 던져 넣었다.

"넌 안 먹어? 내가 먹는다."

한 아이가 웬 떡이냐, 하며 햄버거를 집었다. 옆에 있던 다른 아이가 나누어 먹자며 빼앗으려 했다.

"범생이, 넌 왜 안 먹어?"

어느새 다가온 강호가 한마디 했다. 창해는 들은 척도 하지 않았다.

"쟤는 고마운 것도 몰라. 승민아, 네가 이해해라."

강호가 들으라는 듯 빈정거렸다.

"제 할아버지는 초코파이 하나 간식으로 넣어 준 적이 없

으면서."

강호는 작정을 한 듯했다. 마치 투우사가 소의 등을 쿡쿡 찔러서 싸움을 거는 것처럼 창해를 건드렸다.

창해는 폭발하기 직전이었다. 자신도 화를 낼 줄 알고, 화를 내면 굉장히 무서운 아이라는 걸 보여 주려고 눈을 부릅떴다. 하지만 욕을 내뱉지는 못하고 입 모양만 움찔거렸다.

"범생이는 원래 이런 거 안 먹어. 자연인이잖아?"

승민이는 교묘하게 속을 긁었다. 이런 장면을 즐기면서 창해 기분 따위는 관심 없다는 투였다.

"승민아, 너 유학 간다며?"

강호가 승민이에게 껌딱지처럼 붙어서 물었다.

"호주로 어학연수를 가야 하는데 머리 아파 죽겠어. 영어 실력이 딸리잖아. 골프 유학 가려면 영어를 잘해야 하는데 말이야."

승민이 불평을 끝까지 듣고 보면 그게 자랑이라는 걸 알게 된다.

"오우, 오스트리아! 나도 캥거루하고 놀고 싶다."

강호가 호들갑을 떨며 두 손으로 캥거루처럼 뛰는 흉내를 냈다.

"캥거루는 오스트레일리아에 사는 거 아냐?"

"거기가 거기야."

재영이의 말에 승민이가 강호 편을 들며 우겼다.

마침 코치 선생님이 부르자 강호가 쏜살같이 달려갔다. 주장인 강호는 아이들과 상자를 정리하고 쓰레기를 치웠다. 조금도 싫은 기색 없이 부지런하게 설쳤다.

"끝나고 뭉치자. 피시방부터 코인 노래방까지 가는 거야!"

"오케이!"

"좋아, 좋아!"

승민이가 호령하듯 말하자 아이들이 앞다투어 대답했다. 아무도 창해에게 같이 가자는 말을 하지 않았다. 창해는 원래 피시방에 가지 않는다. 그뿐만 아니라 게임도 하지 않는다. 그래서 승민이 패거리와 잘 어울리지 못했지만 다른 친구들에게는 인기가 많았다.

창해는 유니폼을 들고 코치 선생님께 다가갔다. 몇 번이나 벼르던 그 말을 오늘은 꼭 하겠다고 다짐했다.

"선생님, 저는 이거 필요 없어요."

"엉, 그게 무슨 소리야?"

"배드민턴 안 하려고요."

"짝 바꾼 것 때문에 그래?"

창해는 대강 얼버무리려 했지만 코치 선생님은 쉽게 넘어

가지 않았다. 창해는 고개를 저었다. 그까짓 것쯤은 문제도 아니었다.

"넌 침착하고 소질도 있어. 시합은 해야지. 알았지?"

코치 선생님이 창해 어깨를 다독거렸다. 학교 스포츠 클럽 활동인데 이웃 학교와 친선 경기를 앞두고 있어서 전국 체전에 나가는 것처럼 진지했다.

창해는 말없이 라켓을 챙겨서 강당을 빠져나갔다.

"범생이, 어디 가? 선생님, 창해 좀 보세요. 치우지도 않고 달아나요."

강호가 수선을 피웠다.

창해는 강호를 노려보았다. 거들먹거리는 승민이보다 설쳐 대는 강호가 더 미웠다. 넌 배신자야.

머릿속이 뒤죽박죽

창해는 엄마와 함께 할아버지를 뵈러 병원에 갔다.

할아버지는 뇌출혈로 쓰러져 수술을 받았는데 아직 깨어나지 못했다. 아버지는 중환자실 앞에 심각한 얼굴로 앉아 있었다.

"엄마, 무서워."

"괜찮아, 할아버진데 왜?"

"뭐라고 말해?"

"할아버지는 말씀을 못 하셔. 그냥 네가 손을 잡아 드리면 너라는 걸 느끼실 거야. 네가 왔다는 걸 알면 할아버지도 힘을 내실 거야."

창해는 아버지를 따라 주춤거리며 병실로 들어갔다.

할아버지는 산소 호흡기의 도움을 받아 숨을 쉬었고 몸에는 의료 기구들이 주렁주렁 달려 있었다.

"아버지, 창해 왔어요. 눈 좀 떠 보세요."

아버지가 할아버지를 불렀다. 할아버지는 눈을 감은 채 갓난아기처럼 숨만 겨우 쉬었다.

아버지가 창해 손을 가져다 할아버지 손 위에 얹어 주었다. 할아버지 손은 힘이 없어서 창해 손을 잡지 못했다. 창해가 살그머니 잡은 손에 힘을 주었다. 할아버지의 손마디에 박혀 있는 굳은 못이 느껴졌다. 손가락 두 개는 마디가 잘려 나가 뭉툭했다.

창해는 가슴에서 뜨거운 뭔가가 울컥 올라왔다. 이대로 할아버지와 마지막인 것 같았다.

창해가 울먹이듯 할아버지를 불렀다.

"할아버지……."

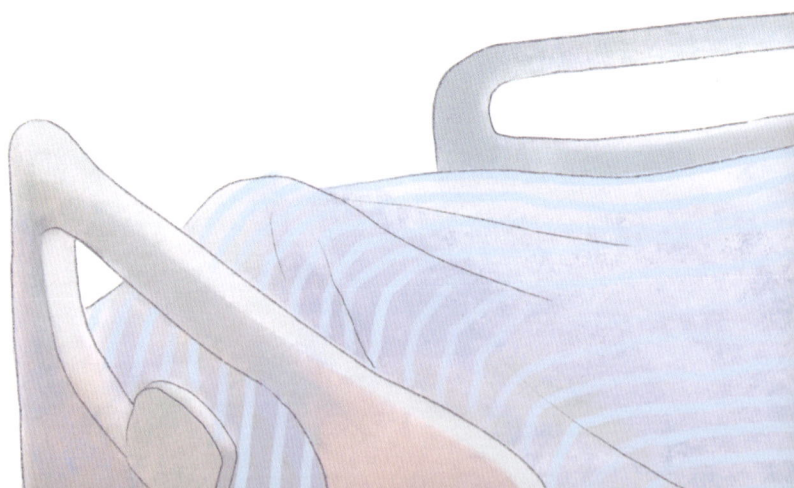

뭔가 할 말이 가득 쌓여 있는데 아무 말도 나오지 않았다. 창해는 그렇게 할아버지 곁에 멀거니 서 있었다.
"할아버지, 힘내세요."
면회 시간이 끝나 병실에서 나가야 할 때가 돼서야 창해는 겨우 말했다.

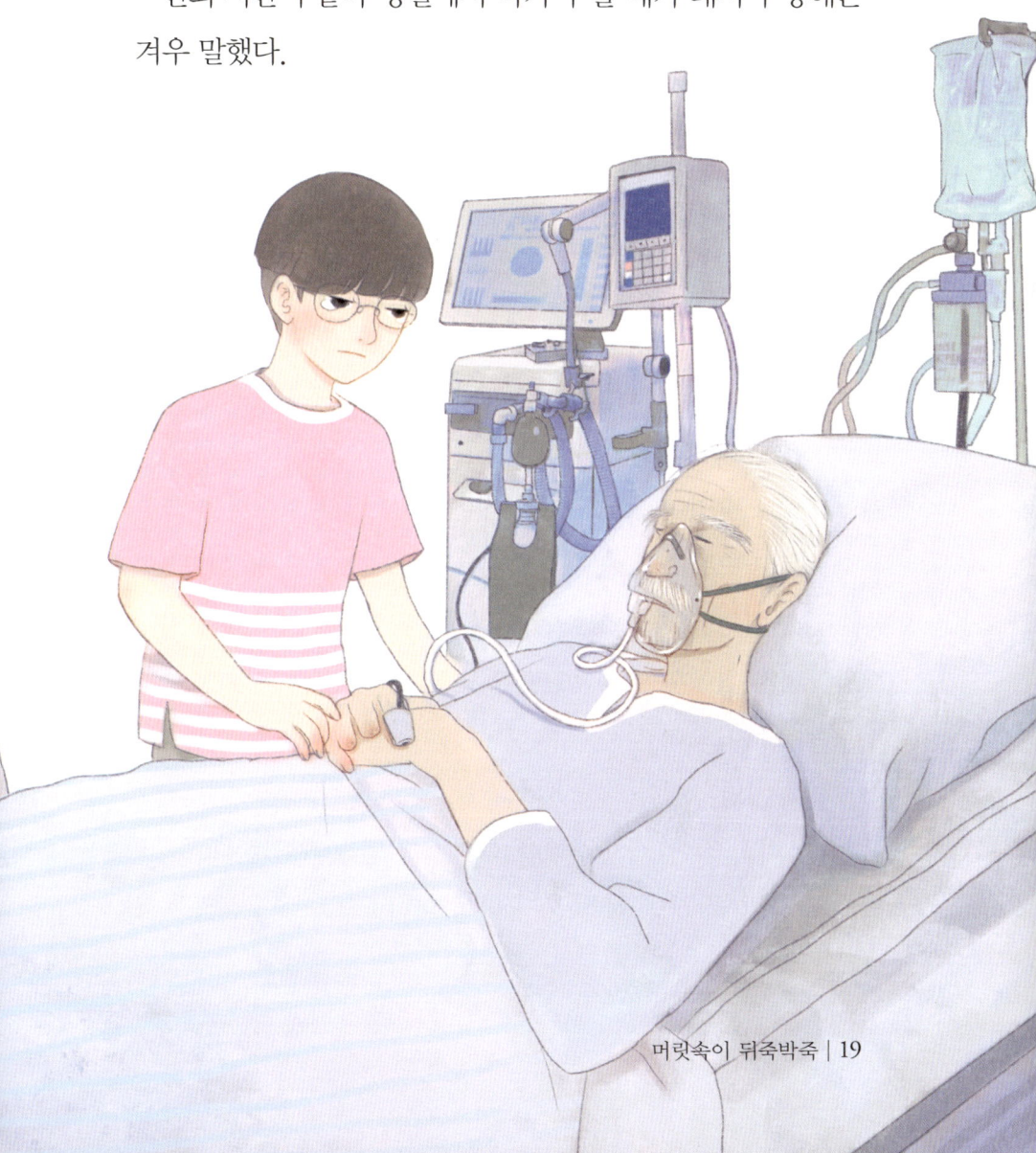

"창해야, 이모 집에서 저녁 먹고 있으면 나중에 엄마가 데리러 갈게."

"괜찮아요. 그냥 집으로 갈게요."

창해는 혼자 있고 싶었다.

병원을 나서는데 비가 한두 방울씩 떨어졌다. 버스에서 내려 아파트로 걸어갈 때는 빗방울이 굵어졌다. 창해는 그냥 비를 맞고 걸었다. 아파트 앞에 있는 회야천으로 가서 다리 아래에 앉았다.

할아버지는 막내 손자인 창해를 유난히 귀여워했다. 창해도 할아버지를 잘 따랐다. 그런데 얼마 전 할아버지와 사이가 틀어지고 말았다.

그건 강호 때문이었다.

강호가 승민이네 할아버지 집에 놀러 갔다 오더니 이상한 소문을 퍼뜨렸다.

"승민이는 너하고 혈통이 달라. 너희 할아버지가 승민이네 할아버지 집에서 머슴살이를 했다며!"

"뭐, 누가 그래?"

창해는 당황했다.

"난 너희 집이 조선 시대 유학자 집안인 줄 알았는데?"

"고상한 척 잘난 척은 혼자 다 하더니."

강호가 비아냥거렸고 다른 아이들도 맞장구를 쳤다.

창해는 핸드폰도 없고 집에는 TV도 없다. 당연히 컴퓨터 게임이나 핸드폰 게임은 상상도 못할 일이었다. 그래서 얻은 '범생이'라는 별명은 때로는 '자연인', '원시인'이 되곤 했다. 그건 창해가 원하는 생활은 아니었다. 고리탑탑한 집안 분위기와 고집불통이고 구두쇠인 할아버지에게 얼마 전부터는 몹시 화가 나 있었다. 말은 못 하고 속만 끓이고 있었는데 날벼락을 맞은 기분이 들었다.

'머슴이라니! 왕족이나 명문가의 후손은 아니더라도 머슴이라니!'

창해는 역사 시간에 배운 천민이 된 것 같았다. 자존심이 상해서 따질 엄두조차 나지 않았다.

그런 일이 있은 뒤에 반디골 할아버지 집에 갔을 때였다. 할아버지가 두툼한 공책을 5권이나 보여 주었다. 할아버지는 문화 센터에 나가서 한글을 배웠다. 그 후로 틈틈이 지난 일들을 회상해서 자신의 이야기를 공책에 기록해 두었다.

"지난번에 자서전 쓰기 프로그램을 신청했다. 살아생전에 내가 쓴 책을 남긴다니 얼마나 영광스럽노?"

할아버지가 공책을 자랑스럽게 넘겨 보였다. 창해는 멀찍이 앉아서 본 척도 하지 않았다.

"이걸 컴퓨터로 쳐야 되는데 내가 해 보니 잘 안 돼. 우리 창해 컴퓨터 잘하재?"

할아버지는 공책에 쓴 내용을 컴퓨터로 옮겨 달라고 부탁했다. 할아버지 두 손은 갈퀴같이 굳은 데다 손가락 두 마디는 없고, 관절염으로 손가락이 아파서 자판을 두드릴 수 없었다.

"저 바빠요. 숙제도 많고 독서 토론 책 읽을 시간도 없어요."

창해는 단칼에 거절했다. 민망한 엄마가 대신하겠다고 했지만 무슨 까닭인지 할아버지가 거절했다. 아버지가 틈틈이 하겠다고 해도 마찬가지였다.

"창해가 사춘기라서 그런데 곧 괜찮아질 거예요."

엄마가 변명했다.

창해는 이제 와서 그 일이 마음에 걸렸다.

상황은 점점 더 나빠졌다. 강호가 좋지 않은 새 소식을 퍼날랐기 때문이다.

승민이 아버지가 '조상 땅 찾기'를 하고 있는데, 옛날부터 승민이네 땅인 반디골을 창해 할아버지가 마음대로 차지하고 있다고 했다.

"잘 알지도 못하면서 왜 남의 집안일을 떠드는 거야?"

창해는 개념 없이 설치는 강호가 원망스러웠다. 아버지에게 물어보았더니 놀랍게도 사실이었다. 다른 것이 있다면 할

아버지가 머슴살이를 한 대가로 승민이 증조할아버지인 김 진사에게 반디골을 넘겨받았다고 했다. 하지만 뒤에 이어진 말은 창해 귀에 하나도 들어오지 않았다.

'머슴이 주인 땅을 차지하고 있었단 말이야?'

이유가 어떻든 더 듣고 싶지 않았다.

"승민이 아버지는 왜 애들까지 싸움을 붙이는 거야? 넌 어른들 일에 상관하지 마."

"전 6학년이고 이런 이야기는 다 알아들어요. 친구들이 나를 어떻게 보겠어요? 부끄러워서 학교는 어떻게 가요?"

창해는 사실을 숨겨 온 아버지도 못마땅했다.

"거긴 사람이 살 수 없는 불모지였어. 거친 땅을 개간해서 옥토로 만든 것은 할아버지와 할머니야. 아빠도 어렸을 때 얼마나 일을 많이 했는지 아니? 반딧불이가 불꽃처럼 날아다녀서 반디골이라고 큰고모가 이름을 지었어. 그전에는 이름도 없는 곳이었다고."

아버지는 떳떳하다고 했다.

"그 양반 참 딱하네. 잘 알고 있으면서 케케묵은 옛날 일을 꺼내서 농간을 부리네."

아버지는 승민이 아버지 탓을 했다.

승민이 할아버지는 학교에 자주 들락거렸다. 웃음이 넘치고 행복해 보였다. 창해는 승민이 할아버지와 마주치지 않으려 배드민턴을 그만둘 생각까지 했다.

승민이는 걸핏하면 창해에게 시비를 걸었다.

"너희 할아버지는 우리 증조할아버지가 아니었으면 죽었을 거래. 너희 할아버지가 없었으면 너도 이 세상에 태어나지도 못했어. 그러니까 날마다 나한테 감사 인사를 하라고."

"반디골은 우리 할아버지가 일한 대가로 받은 거니까 정당한 거야."

창해가 반박했다.

"우리한테는 그 땅이 우리 거라는 증거가 있대."

"증거?"

창해는 '증거'라는 말에 아무 대꾸도 못 했다.

창해 할아버지는 옛날 반디골 땅문서를 승민이 집안에게 빼앗겼고 우여곡절 끝에 김 진사에게 다시 증서를 받았는데, 그걸 할머니가 어디에 두었는지 찾지 못했다고 했다. 그렇게 중요한 걸 잃어버리다니 말이 되나? 할아버지를 편들어 주고 믿어 줄 수가 없었다.

번개 구조대

하늘에서 번갯불이 번쩍거렸다. 지지직지지직, 불꽃놀이를 하듯 하늘 여기저기를 그어 대더니 '따당' 하는 큰 소리가 세상을 마구 뒤흔들고 벼락이 내리꽂혔다. 창해는 온몸이 오그라드는 것 같았지만 벼락을 피할 마음도 없었다.

아파트 앞 둑길에는 벚나무가 줄지어 서 있고 그 아래에는 회야천이 흘렀다. 창해는 비를 맞으며 산책로를 따라 걸었다. 추위 때문에 몸이 덜덜 떨렸다. 한바탕 연주를 마친 하늘은 잠잠해졌지만 비는 여전히 퍼부었다.

'증거를 찾으면 할아버지가 일어나실 수도 있을 거야.'

할아버지를 위해 뭔가를 해야겠다는 생각이 들었지만 무

엇을 해야 할지 알 수가 없었다.

　물이 불어난 회야천이 성난 황룡처럼 꿈틀거리며 산책로를 집어삼켰다. 사람들은 아무도 보이지 않았다. 강 입구에 다다른 계곡물은 구름다리까지 차올라 넘실거렸다. 그 모습은 가로등 불빛을 받아 장엄하게 보이기까지 했다.

　창해는 물살을 헤치며 철벅거리고 걷다가 뭔가에 걸려 넘어졌다. 몸을 일으키려는데 발이 바닥에 닿지 않았다. 신발 한 짝이 벗겨지더니 물살에 둥둥 떠내려갔다. 창해는 신발을 잡으려고 손을 내밀었다.

"조심해!"

그 순간 무슨 소리를 들은 것 같더니 누군가 강한 힘으로 창해의 어깨를 끌어당겼다. 그 바람에 몸이 느티나무 쪽으로 쏠렸다. 혼자 우뚝 서 있는 그 나무는 바다 위에 서 있는 등대처럼 황금빛으로 빛났다.

나무 아래에는 구조대 차가 한 대 서 있는데 지붕에서 빛이 뿜어져 나왔다. 버스만큼 커다란 차는 막 도착한 것 같았다. 어서 들어오라는 듯 앞문이 활짝 열려 있고 옆에는 '번개 구조대'라는 커다란 글씨가 보였다.

'웬 구조대? 119 차는 아닌데?'

창해는 홀린 듯 구조대 차에 가까이 다가갔다. 차가 어디로 가는지도 모르고 무작정 탈 수는 없었다. 그러나 갑자기 비바람이 세차게 몰아쳐 창해는 차 안으로 뛰어들 수밖에 없었다.

"어서 오너라. 비에 흠뻑 젖었구나!"

아주머니인지 할머니인지 나이를 알 수 없는 어른이 창해를 반갑게 맞아 주었다.

"방명록에 주소와 이름을 적어라. 난 번개 구조대 대장이란다. 동에 번쩍 서에 번쩍 한다고 번쩍 대장이라고 하지."

번쩍 대장은 기세가 당당하고 목소리가 걸걸한 것이 여장

부처럼 보였다.

'이름을 적으라니?'

창해는 고개를 갸웃거렸다. 비에 젖은 생쥐 꼴이라 안으로 더 들어가지 못하고 쭈뼛거렸다. 그때 번쩍 대장이 수건을 건네주었다.

"감사합니다."

수건을 받아 젖은 몸을 털고 머리를 닦았다. 얼굴은 빗물과 눈물이 섞여서 푸석푸석했다. 신기하게도 수건이 닿자마자 머리카락까지 대번에 말랐다. 비릿한 빗물 냄새가 나던 옷도 금세 갈아입은 것처럼 향긋해졌다.

'이상한데?'

추운 겨울에 난로가 켜져 있는 따뜻한 집에 초대받은 느낌이 들었다.

구조대 차 안은 밖에서 본 것보다 훨씬 길고 넓었다. 호텔 로비처럼 화려하게 꾸며져 있고, 신기하게도 차 양쪽에는 창문 대신에 문들이 여러 개 있었다.

창해는 번쩍 대장의 모습을 힐끗거렸다.

번쩍 대장은 얼핏 봐도 뭔가를 구조하기에는 적당하지 않은 차림새였다. 은색 머리카락이 베토벤 머리처럼 적당하게 엉클어졌고, 반팔 블라우스와 치마를 입었는데, 맨살로 드러

난 팔뚝이 유난히 강인해 보였다. 하지만 젊은 척해도 나이를 속일 수 없는 할머니였다.

"하천 물이 불어서 넘쳤더구나. 물살이 용트림을 하며 덤비더라고. 이런 날 울면서 하천가를 돌아다니면 쥐도 새도 모르는 사이에 강으로 쓸려 간단다."

번쩍 대장이 등짝을 내리칠 것 같은 거센 말투로 말했다.

"몰, 몰랐어요. 아무것도 보이지 않았어요."

창해가 겁을 먹자 번쩍 대장의 눈빛이 금세 변했다. 아이의 숨소리만 들어도 걱정거리를 다 아는 할머니 같았다. 곧이어 창해 손목에 난 상처를 보더니 약을 발라 주었다.

창해는 어디에서 다쳤는지 기억이 나지 않았다.

"고맙습니다."

"넌 슬픔 때문에 앞을 볼 수 없었던 게야. 그래서 내가 오늘 같은 날에는 아이들을 구하러 다니지."

"저를 구하셨어요? 그래서 제가 이 차에 탄 거예요?"

창해는 상황을 이해할 수 없어서 물었다.

"번개 구조대는 위험에 처했거나 걱정이 있는 아이들에게 나타난단다."

그 말은 창해의 처지를 안다는 말로 들렸다.

"할아버지가 돌아가실 것 같아요. 그런데 사랑한다는 말을 하지 못했어요."

"그랬구나. 할아버지와 잘 지낸 모양이지?"

"어렸을 때는 할아버지랑 친구처럼 지냈어요. 그런데 요즘은 말도 안 통하고……. 아, 그게 다 저 때문이에요. 제가 못되게 굴었거든요. 저도 어쩔 수가 없었어요."

창해는 자책감에 두 손으로 머리카락을 쥐어뜯었다.

"할아버지를 의심했거든요."

창해는 이렇게라도 털어놓으니 답답했던 속이 후련해졌다. 하지만 더 이상은 말을 할 수가 없었다. 남의 집에서 머슴살이를 한 할아버지, 옷도 아무렇게나 입고 평생 일만 한 할아버지가 평생 가꾼 땅에서 쫓겨날 위기에 처했는데, 자신은 아이들 마음을 잘 알아주는 데다 부자이기도 한 승민이 할아버지가 부러웠다고. 잘못인 줄 알면서도 길을 벗어난 경주마처럼 마음이 그쪽으로만 마구 달려서 어쩔 수가 없었다고.

"그랬구나, 정말 힘들었구나."

번쩍 대장은 고개를 끄덕였다. 말로 표현 못 한 창해의 마음까지 읽어 냈다.

번쩍 대장은 잠시 생각하더니 손뼉을 짝 쳤다.

"좋은 생각이 났다! 끝까지 알아보는 거야. 너희 할아버지가 어떤 사람인지."

"싫어요. 할아버지한테 더 이상 실망하고 싶지 않아요."

창해는 우거지상을 한 채 고개를 저었다.

"할아버지를 잘 알게 되면 이해하게 되고, 이해하면 좋아하게 될 수도 있단다. 제대로 모를 때는 이해가 안 되고, 이해 안 되면 모든 게 싫어지기 마련이지."

번쩍 대장도 고집이 만만치 않았다.

"너희 할아버지를 잘 아는 '실록 작가'를 만나게 해 주마. 그 작가가 어쩌면 필요한 정보를 알려 줄 수도 있을 게다."

창해는 마지못해 고개를 끄덕였다.

번쩍 대장은 검은 문 앞으로 가서 종을 울렸다. 잠시 뒤에 문이 열리고 안내자가 나왔다. 그는 머리에 갓을 쓰고 창백한 얼굴에 검은 두루마기를 입어서 저승사자처럼 보였다. 창해는 놀라서 뒷걸음질을 쳤다.

안내자는 번쩍 대장에게 정중히 인사했다.

"이 아이가 반디골에 사는데 그 지역을 담당하는 작가와 만나게 해 주시오."

번쩍 대장이 명령을 내렸다. 창해에게 그를 따라가라고 등을 떠밀었다.

창해는 얼떨결에 그를 따라 들어갔다. 그곳은 구조대 차에서 다른 공간으로 연결된 곳이었다. 어두침침한 방의 조명이 눈에 익숙해지자 조심스럽게 둘러보았다.

"여기가 어디예요?"

"쉿! 저분들은 모두 실록 작가들이야. 방해하면 안 돼!"

안내자가 속닥거렸다.

차갑고 무거운 공기가 맴돌았다. 아무 소리도 들리지 않고 엄숙했다.

실록 작가들이 커다란 책상에 앉아서 거울처럼 생긴 것을 들여다보며 공책에다 무언가를 적고 있었다. 그들은 유난히 눈이 작은데 날카롭게 번뜩거렸다. 손에는 펜을 쥔 듯한 모양이지만 펜은 보이지 않았다. 펜은 날아가는 듯 공책을 지나갔고 그때마다 그림인지 글자인지 알 수 없는 모양이 그려졌다.

실록 작가와의 만남

안내자가 한 작가에게 다가가 무언가를 이야기했다. 그러자 그가 쓰던 펜을 내려놓고 창해에게 다가왔다.

"여긴 아무나 함부로 들어올 수 없는 곳이다."

실록 작가는 까칠하게 말했다. 가뜩이나 졸았던 창해는 겁을 잔뜩 집어먹었다.

그는 창해를 데리고 좁은 통로로 쑥쑥 들어갔다. 그곳은 또 다른 공간으로 연결되어 있는데 서가에 책들이 잔뜩 꽂혀 있는 도서관이 나타났다.

"여기서부터 내가 담낭하는 지역이다."

창해는 책을 보고 눈을 동그랗게 떴다. 책등에는 전부 다 사람의 이름이 쓰여 있었다. 강 아무개의 일생, 김 아무개의 일생, 그리고 김만수의 일생. 김만수의 일생은 시리즈로 열두 권이나 되었다. 검은색 표지에 돋을새김으로 하얀 이름이 새겨져 있었다.

창해는 무의식중에 책을 꺼내려고 손을 댔다.

"어허, 만지면 안 돼!"

실록 작가가 호통을 쳤다. 창해는 그만 놀라서 움찔했다.

"이분이 제가 아는 승민이 할아버지가 맞나요? 김만수 후원회장님."

실록 작가가 그렇다고 했다.

창해는 주눅이 들었다. 승민이 할아버지는 돈이 많으니까 책을 열두 권이나 냈겠지.

"저의 할아버지가 자서전을 한 권도 완성하지 못한 건 제 탓이에요."

"넌 아직도 이곳이 어디인지 모르는구나. 하긴 영문도 모르고 따라왔으니. 너의 할아버지 존함이?"

"이 용 자 덕 자입니다."

"이용덕, 이용덕……. 아, 저기 뒤쪽 서가에 있네."

"진짜요? 우리 할아버지 책도 있다고요?"

창해는 그가 가리키는 쪽으로 들어갔다.

'이용덕의 일생'이라고 할아버지 이름이 쓰인 책들이 서가에 즐비하게 꽂혀 있었다. 할아버지의 책은 자그마치 팔십 권이 넘었다.

"우리 할아버지는 글을 몰라요. 그런데 이렇게 많은 책을 지었다고요?"

창해는 믿을 수가 없어서 입을 다물지 못했다.

"조선왕조실록을 왕이 쓴 건 아니지?"

"그렇죠, 기록하는 사관들이 따로 있었죠."

"마찬가지로 여기 있는 책들도 실록 작가들이 쓴 책이란다. 그 사람이 살았을 때 일을 기록해서 하늘에 보고하는 책이지. 아까 책상 위에 놓인 거울로 일거수일투족을 살핀단다. 김만수 씨와 이용덕 씨 책은 내가 쓴 것이다."

"이렇게 많은 걸 작가님이 다 썼다고요?"

창해는 비로소 이해가 되었다. 전래 동화에서 읽은 적이 있는 이야기였다. 사람이 죽으면 신 앞에서 심판을 받게 된다고 했다. 그때 그 사람이 살았을 때 어떤 일을 했는지 기록한 책이 있어서 거짓말을 할 수 없다고 했다. 어떤 일을 했느냐에 따라 상과 벌을 받는다고 했다.

"나쁜 짓 한 것도 다 적혀 있어요?"

"정직하게, 한 치의 거짓말도 할 수 없지."

창해는 염라대왕 앞에 있는 것처럼 으스스해졌다.

"이용덕 씨 인생은 파란만장해서 사연이 많았어. 거의 한 해에 한 권씩 썼지."

"이 책을 읽어 봐도 되나요?"

"그건 안 돼. 너의 할아버지가 하늘나라에 가면 오직 심사하는 신들만이 읽을 수 있단다. 그리고 네가 본다 한들 읽을 수도 없는 문자란다."

"손자인데도 안 되나요? 지금 할아버지는 곤경에 처해 있어요. 밝혀야 할 진실이 있는데 그 부분만 잠깐 보면 안 될까요?"

"그런 걸 왜 할아버지한테 물어보지 않았느냐?"

창해는 한숨만 내쉬었다.

"땅을 주신 김 진사 어르신은 이미 돌아가셨고요. 진실을 알고 있는 사람은 승민이 할아버지와 우리 할아버지뿐인데……. 할아버지는 지금 사경을 헤매고 있어요. 두 사람 중 한 사람은 거짓말을 하고 있어요. 거기에 대한 단서를 조금이라도 얻고 싶어요."

"좋다. 네가 이곳까지 왔으니 이용덕 손자라는 게 확인되면 실마리 정도는 알려 줄 수도 있다."

실록 작가는 문제를 세 개 낼 테니 하나만 맞추어도 힌트

를 주겠다고 했다.

"이용덕이 좋아하는 음식은?"

"할머니가 만든 감자수제비."

창해는 자신 있게 말했다.

"땡! 고구마피자."

"헐, 그건 내가 제일 좋아하는 건데요."

할아버지는 창해에게 다 먹으라 하고 맛만 조금 보셨는데…….

"그럼 이용덕이 하고 싶은 일은?"

"농사일이요. 일벌레예요."

"땡! 정답은 여행이다. 산골에서 평생 살아온 이용덕은 바다를 보고 싶은 게 소원이다. 그것도 눈 내리는 바다."

"아니요, 할아버지는 여행 가는 거 싫어해요. 하루도 반디골을 떠난 적이 없어요."

고모 가족과 함께 바닷가로 여행을 가자는데도 할아버지는 싫다고 했다. 창해가 졸라 대자 화를 버럭 냈다.

"그건 반디골을 지키려고 떠나지 않은 것이지. 머슴살이 할 때 장에 나가 소를 팔았을 때도 큰돈을 받아 도망갈 수 있었지만 김만수에게 다 보내 주었다. 일이 힘들어서 떠나고 싶어도 김 진사에게 신의를 지키느라 떠나지 못했지."

창해는 눈가가 촉촉하게 젖어 들었다.

"마지막 문제다. 이용덕은 왜 글을 못 배웠을까?"

"일하느라 힘들어서요."

"땡! 방해하는 사람들이 많았다. 소학교에 입학한 김만수 책가방을 들고 따라다닌 건 아느냐? 김 진사가 아들과 같이 공부시키려 했지만 문중에서 반대했다. 그래서 교실 창문 아래서 귀동냥을 했다. 야학에 갔다가 매를 맞기도 했지."

"그런 일도 있었어요?"

"너, 손자 맞느냐? 도대체 네가 이용덕에 대해 아는 것은 무엇이냐?"

"아, 한 문제만 더요."

창해가 두 손을 모아 빌면서 사정했다.

"좋다. 이용덕은 일만 하고 왜 그렇게 늦게 결혼을 했는가?"

"아직 가정을 꾸릴 준비가 되지 않아서였대요."

"겨우 하나 맞춘 걸로 쳐주겠다. 정확한 답은 자식들에겐 머슴살이를 시키고 싶지 않아서였다."

실록 작가는 힘주어 말했다.

"전 할아버지에 대해 아는 거 많아요. 새경으로 전답을 달라고 해서 반디골을 받았대요. 반디골을 빼앗길 뻔했는데 끝까지 지켰대요."

창해는 의기양양해서 큰 소리로 말했다.

"그런데 뭐가 더 필요하냐?"

"사람들이 안 믿어요."

"그러면 너는 믿느냐?"

"그런 말을 듣고 너무 분해서 화가 났어요. 하지만 그건 할아버지 말씀뿐이고 증거가 없었어요."

창해는 비로소 자신의 감정이 무엇인지 분명하게 알게 되었다. 그동안 할아버지에 대한 부끄러움과 원망만 가득 차 있는 줄 알았다. 그 밑바닥에는 할아버지에 대한 사랑과 안타까움이 더 컸다는 걸 깨닫지 못했다.

"할아버지를 끝까지 믿어 주지 못했어요. 실록에는 증거가 남아 있겠지요?"

창해 눈에서 뜨거운 것이 차오르더니 자신도 모르게 흘러내렸다.

"그렇다 한들 할아버지 말도 믿지 않는데 누가 네 말을 믿어 줄까? 여기 왔다 간 것을 이야기하면 너를 이상하다고 할 텐데."

"그래도 좋아요. 도와주세요."

"흠흠, 내가 천기를 한마디 누설하자면 김 진사는 이용덕을 자식처럼 키워 주었다. 그래서 이용덕이 떠나지 못했지. 두 사람의 관계를 안다면 이 세상 어딘가에 증거가 남아 있을 것이다. 이 정도면 네가 할 일을 알겠지?"

창해는 흥분해서 몸이 떨렸다.

"우리는 감정적으로 개입하지 않고 그 사람의 일생을 기록한단다. 하지만 이용덕 실록을 쓰면서 기쁨과 슬픔을 함께했단다. 돌아가시고 나면 이 책들은 이용덕 영혼과 함께 하늘로 올라갈 것이다."

실록 작가는 할아버지의 책들을 자랑스럽게 쓰다듬었다.

"감사합니다."

창해는 허리를 굽히고 절을 했다. 그리고 들어간 문을 열고 나왔다.

그곳은 구조대 차 안이었고 번쩍 대장이 기다리고 있었다.

"나는 또 다른 곳으로 출동하러 가야 한단다. 이제 비가 그쳤으니 집으로 갈 수 있겠지?"

"예, 제가 할 일을 찾았어요."

창해는 활짝 웃었다.

번쩍 대장도 고개를 끄덕이며 빙시레 웃었다.

창해가 구조대 차에서 내렸을 때는 비가 그치고 어느새 밤하늘에 별이 반짝거렸다.

꼭 네 도움이 필요해

창해가 번개 구조대 차에서 나왔을 때는 들어갈 때의 창해가 아니었다. 할아버지에 대한 강한 믿음이 생겼다. 당장 반디골로 달려가고 싶지만 밤중이었다. 무엇부터 해야 할지 생각을 하느라 발길이 끄는 대로 무작정 걸었다.

하늘은 캄캄했지만 가로등 불빛이 대낮처럼 훤했다. 사거리를 지나 맞은편 아파트 단지로 들어갔다. 그곳은 강호가 사는 곳이다. 승강기를 타고 올라가는데 시끌시끌한 소리가 가까워졌다.

승강기에서 내렸을 때는 강호 아버지가 고함을 지르고 강호가 악을 쓰는 소리가 귀청을 뚫을 듯했다. 차마 벨을 누르지 못하고 서성거렸다.

　운동을 마치고 강호는 승민이 패거리와 피시방으로 갔다. 요즘 아이들과 함께 어울리느라 예사로 학원을 빼먹었다. 혼자서는 개미 한 마리도 건드리지 못할 겁쟁이지만 뭉치면 공룡이라도 잡을 것처럼 만용을 부렸다.

　"너, 아이들하고 어울려 다니느라 학원은 맨날 빼먹고 게임만 하면, 앞으로 뭘 해 먹고 살려고 그래?"

　강호 아버지가 소리를 지르며 손에 잡히는 대로 뭔가를 집어 던졌다. 때리고 피하고 말리느라 우당탕우당탕 소리가 마치 전쟁터 같았다. 강호 방은 현관 옆에 있어서 바깥까지 생생하게 들렸다.

　"공부! 공부! 난 프로 게이머 할 거라 공부 안 해도 돼."

　강호가 악을 쓰고 대꾸했다.

　"이놈의 자식, 완전 게임 중독이네."

　아버지는 두툼한 손바닥으로 강호의 등짝을 내리쳤다.

　"이놈의 자식이 입만 살아 가지고! 공부 안 할 거면 집에서 나가라 그랬지?"

　"나갈 거야, 다시는 돌아오지 않을 거야."

　문이 와락 열리더니 강호가 튀어나왔다.

　엿듣다 놀란 창해는 계단 위로 후다닥 뛰어 올라갔다.

"강호야, 어디 가? 혼난다."

강호 아버지가 호랑이처럼 으르렁거리며 따라 나왔지만 이미 강호는 비상계단 난간을 타고 내려간 뒤였다. 창해는 재빨리 승강기를 타고 1층으로 내려갔다. 창해가 1층에서 현관으로 가는데 강호가 헉헉거리며 비상계단으로 내려왔다.

"너 뭐야? 여긴 왜 왔어?"

얼굴이 벌겋게 달아오른 강호가 창해를 보고 당황해했다.

"너한테 할 말이 있어서 왔어."

창해는 방금 온 것처럼 꾸몄다. 강호 꼴을 보고 터지려는 웃음을 감추려 다른 곳을 보는 척했다. 강호는 줄무늬 러닝셔츠와 사각팬티 차림에 슬리퍼를 짝짝이로 신고 있었다. 하긴 창해도 한쪽 운동화만 신고 절뚝거리며 걸었다.

"넌 신발 한 짝은 어쨌어?"

"그럴 일이 좀 있었어."

둘은 아파트 놀이터에 있는 등나무 아래로 갔다. 의자는 비에 젖어 앉을 수가 없어서 선 채로 이야기를 했다.

"너, 승민이 할아버지 좋아하지?"

"그게 왜?"

"우리 할아버지가 머슴살이를 했다느니, 승민이네 땅을 차지했다느니, 그런 말을 했잖아?"

"그건 승민이가 그러니까 그대로 전한 거지. 사실이잖아?"

"너, 사실 확인했어?"

"승민이가 그랬단 말이야."

강호는 신경질적으로 소리를 질렀다.

"승민이 말을 아무런 증거도 없이 어떻게 믿어?"

"나한테 이러지 말고 승민이한테 가서 따져. 나 지금 기분 더럽거든. 건드리지 마."

강호는 한 대 칠 듯이 공중에다 주먹을 휘둘러 댔다.

"조용히 해. 사람들 깨겠어. 이건 우리 할아버지 생명이 달린 일이야. 네가 나하고 같이 사실을 확인해 줘야겠어."

창해는 목소리를 낮추었다.

"내가 왜? 너희끼리 해결해. 내 문제만도 머리가 아파. 나 방금 집 나왔어."

"난 내일 아침에 반디골에 갈 거야. 옛날에 땅문서를 빼앗긴 할아버지에게 승민이 증조부가 남겨 준 증거를 찾을 수 있을 것 같아. 그런데 꼭 너하고 같이 가야겠어. 너한테 제일 먼저 보여 줄 거니까."

"난 절대 안 가. 그런 일에 끌어들이지 마. 골치 아픈 일은 딱 질색이니까."

강호는 호락호락하지 않았다.

둘 사이에 어색한 침묵이 한참 흘렀다.

"솔직하게 말하면 나 혼자는 겁나. 네 도움이 필요해. 넌 소풍 가면 보물찾기, 그런 거 잘하지 않았냐? 그리고 4학년 때 '나는 셜록 홈스, 탐정이 되는 법' 했을 때 너하고 내가 짝이 되어서 범인을 제일 많이 잡았잖아?"

창해는 독서 프로그램에 참여했던 기억을 들먹이며 강호를 살살 구슬렸다. 그때 도서관에서 셜록 홈스 책을 읽고 하룻밤을 같이 잤다. 탐정처럼 추리하는 법을 배우고 실제 범인도 찾는 활동이었다.

"언제 적 일이야? 그런 거 다 잊어버렸어."

강호는 2학년 때부터 창해와 같은 독서 동아리에서 책을 읽고 독서 논술을 공부했다. 그런데 고학년이 되면서 게임에 빠져 점점 과제 도서를 읽어 가지 않았다. 그래서 수업을 받을 수 없었다. 창해와 비교하는 논술 선생님과 엄마 때문에 화도 났다. 결국 5학년 때 독서 동아리를 그만두었다.

그 후로 강호는 게임에 돌진했다. 사람이든 뭐든 한 가지에 빠지면 정신을 못 차리는 것이 강호의 성격이다. 승민이와 피시방에서 살다시피 하며 게임하느라 창해와는 점점 멀어지게 되었다.

강호 엄마가 게임을 덜 시키려고 배드민턴부에 넣었는데

거기서 다시 창해를 만났다. 하지만 승민이와 어울려 노는 게 더 신났다.

"우리 할아버지가 억울한 것을 너한테 제일 먼저 밝히고 싶어. 왜 그런지는 생각해 봐. 그리고 슬리퍼에 속옷 차림으로 어딜 가냐? 당장 집으로 가."

　창해 말에는 거역할 수 없는 위엄이 서려 있었다. 강호의 서슬 푸른 기세가 조금 꺾였다. 하지만 강호는 도망치듯 자기네 아파트 입구로 들어갔다.
　"내일 아침 9시까지 자전거 끌고 나와. 문방구 앞으로!"
　창해는 강호 등 뒤에 대고 소리쳤다.

셜록 홈스처럼

날이 밝았다. 창해는 밤새 절벽을 기어오르고, 나무에 올라타고, 하늘을 날아다니며 무언가를 찾는 꿈을 꾸느라 잠을 설쳤다.

'증거를 찾아야 해.'

그게 무엇인지는 알 수 없지만 머릿속에서 또렷한 음성이 들렸다. 자신이 무언가 해낼 수 있을 것처럼 들떴다. 마음은 벌써 반디골에 가 있었다.

'강호가 밤사이 마음이 변했을까?'

'설마 승민이한테 비밀을 누설한 건 아니겠지?'

온갖 것이 다 걱정되었다. 아침밥을 먹는데 목에 걸렸다.

집을 나설 때 현관 거울에 비추어 보니 자신의 얼굴이 낯설었다. 자신감이 불타올랐다. 마치 악한을 만나러 가는 스파이더맨이나 출전하는 병사 같았다.

학교 앞에 있는 문방구 근처에서 잠복했다. 토요일 아침이라 조용했지만 혹시 아는 아이들이 볼세라 주변을 살폈다.

창해가 살고 있는 읍내는 신도시로 개발되어 아파트 단지가 들어섰다. 반디골은 강가에 있는 산골 마을이다. 버스를 타고 20분 정도 고갯길을 넘어가야 한다. 거리는 가깝지만 버스가 한 시간에 한 대씩 있어서 시간을 맞추기가 어렵다. 그래서 자전거를 타고 강을 따라 가는 게 빠르다. 강가에는 자전거 길이 잘 닦여 있어서 금방 갈 수 있다.

아무리 기다려도 강호의 모습이 보이지 않았다. 시계를 보니 아직 8시 40분밖에 되지 않았다. 약속 시간보다 너무 일찍 나온 것이다. 50분이 지나 9시가 되자 초조했다.

'안 오는구나.'

그래도 창해는 혼자 갈 수 없어서 더 기다렸다. 10분을 더 기다리자 멀리서 자전거를 타고 오는 강호가 보였다. 새 자전거에다 바람막이 점퍼를 입고 머리에 안전모까지 쓰고 선수처럼 폼을 갖추었다. 뻐기느라 일부러 늦게 나온 것 같다.

창해는 저절로 입꼬리가 양쪽으로 올라갔다. 손을 흔들어 주며 "고마워!"라고 입 모양으로 인사했다.

창해는 자전거를 출발시켰고 강호가 금방 따라붙었다.

자전거 길에는 사람들이 북적거렸다. 어른들이 동호회 깃발을 달고 같은 옷을 입고 한 줄로 달려갔다. 아빠와 아들이, 할아버지와 손자가, 친구들끼리 각양각색의 사람들이 각양각색의 자전거를 타고 달렸다.

서로 말없이 한참을 달렸다. 시골로 가는 갈림길에서 자전거 길을 벗어났다.

창해는 안전모를 벗고 땀을 닦으며 쉬었다. 배낭에서 초콜릿과 두유를 꺼내 뒤따라온 강호에게 주었다. 초콜릿을 몇 개 까먹고 나니 기분이 달달하고 힘이 생겼다.

"어제 집에 가서 괜찮았지?"

"아빠는 버럭할 때 그때뿐이야. 하지만 아빠와 마음의 거리가 점점 멀어지고 있어. 나중에는 지구 한 바퀴를 돌아도 만나기 힘들 거야."

창해가 걱정스럽게 묻자 강호는 흔한 일상이라고 답했다.

"저기, 승민이네 할아버지 집 보인다."

강호가 말머리를 돌리며 산 아래 보이는 고래 등같이 검은 기와집을 손짓했다.

"승민이네 할아버지 집에 놀러 갔더니 '명성재'라고 이름도

쓰여 있더라. 그 집 기둥은 임금님만 사용하던 둥근 소나무 기둥이래. 전통 있는 종가에다 집이 박물관 수준이었어."

강호는 자기 집인 것처럼 자랑을 했다.

마을 뒤편 산속에 있는 반디골은 숲에 가려 보이지 않았다.

"조심해. 이건 소풍 가는 게 아니야. 잘못하면 일을 망칠 수도 있어."

"흥, 우리 둘이 이런 일을 할 거라고 누가 믿겠어?"

강호가 콧방귀를 뀌었다.

창해는 앞장서서 둑길을 가볍게 달렸다.

둑길 양쪽에는 조팝나무들이 늘어서 아름다웠다. 산에는 울긋불긋 단풍이 들고 벌판에는 벼가 누렇게 익어 갔다. 시원한 가을바람을 맞으며 둑길을 달려서 보건소 앞 다리를 건넜다.

"잠깐만! 저쪽 옆길로 돌아가자."

창해가 강호를 불렀다. 뒷산에 있는 반디골로 가는 길은 마을 가운데에 있는 마을 회관을 지나가야 했다.
"마을 어른들이 보고 뉘 집 손자냐, 어디를 가느냐, 묻기라도 하면 곤란해."
둘은 조심스럽게 마을 길을 돌아갔다. 반디골로 올라가는 산길은 가파른 길이어서 자전거를 타고 올라가기에는 힘이 들었다. 사람들 눈에 띄지 않는 곳에 자전거를 세워 놓고 걸어갔다. 산길은 호젓해서 나란히 걸어가며 이야기하기에 좋았다.
창해는 할아버지 실록에 대해서 대강 설명을 해 주었다. 번쩍 대장과 실록 작가를 우연히 만난 할아버지 친구라고 꾸며 댔다.
"그 사람들은 왜 그 자료를 공개하지 않고 비밀로 하는 거야?"
강호는 날카롭게 따져 물었다.
"그럴 만한 사정이 있어. 어쨌든 할아버지가 30년간 일한 대가로 반디골을 받았고, 승민이 증조부인 김 진사가 그 증거를 남겨 놓았다는 게 중요해."
창해는 아버지가 들려준 이야기와 실록 작가에게 들은 이야기를 합쳐서 추리했다.

"그러니까 그런 말을 어떻게 믿냐고?"

강호가 버럭버럭 화를 냈다.

"그러니까 우리가 지금 가고 있잖아, 증거를 찾으러."

"됐고. 너 증거 없으면 승민이랑 배드민턴 짝 바꾼 거 딴말하기 없기다. 배드민턴 그만둔다느니 그런 말도 하지 않기다."

"좋아, 약속할게."

"그런데 너 할아버지 생각 많이 하네. 난 네가 할아버지 부끄러워하는 줄 알았는데."

"할아버지가 아니고 너한테 화가 났어. 네가 승민이 할아버지한테 아부하는 게 승민이가 자랑질하는 것보다 더 꼴불견이었어."

"내가 아부를 해? 승민이 할아버지 훌륭하시잖아? 멋지고 우리한테 잘해 주시고. 승민이는 그런 할아버지 사랑 듬뿍 받는 젖비린내 나는 애송이잖아."

"진짜 훌륭한지 아닌지는 두고 봐야지."

창해는 실록 작가를 믿었다. 김 진사가 자식처럼 키워 주었고 분명 증거가 남아 있다고 했다. 둘이 옥신각신하는 사이에 반디골이 나타났다.

창해는 눈시울이 뜨거워졌다. 할아버지가 없는 텅 빈 반디골에 오니까 할아버지 생각이 더 났다. 그런데 대문처럼 입구 양쪽에 서 있는 나무들 사이에 붉은 줄이 쳐져 있었다. '소유권 분쟁 중 출입 금지'라는 붉은 글자가 줄에 매달려 있었다.

창해는 심장이 덜컥 내려앉았다.

"저건 재판 중이라는 표시인가 봐. 너네 할아버지 집이 아니니까 함부로 들어갈 수 없다는 뜻이야."

강호가 다시 속을 쑤셨다.

"뭔 소리야, 우리 할아버지 집이야."

"네 생각이잖아? 누가 인정해 줘? 진실을 밝히는 게 얼마나 힘든데."

굳어진 강호 생각을 바꾸는 게 더 어려워 보였다.

창해는 멈칫했지만 이내 붉은 줄 아래로 기어들어 갔다. 강호도 따라 들어왔다.

뒤뜰과 마당에는 감나무가 집을 빙 둘러싸고 있었다. 커다란 감나무에 달린 감들이 한창 영글어 가고 있었다.

"멋지다! 너네 할아버지가 다 심으신 거야?"

"할아버지가 들으면 좋아하시겠다. 난 한 번도 그런 생각을 못 했어. 그냥 당연하다고 여겼지. 저건 내가 태어났을 때 심었다는 '내 나무'야."

창해가 감이 탐스럽게 열린 감나무를 가리켰다.

"내 나무? 그런 말은 처음 듣네. 너, 나하고 급이 다른 사람으로 보인다."

강호는 나무들을 돌아보며 코를 킁킁거렸다. 바람결에 은은한 향기가 퍼져 나왔다.

"이게 무슨 냄새야?"

창해는 대답할 사이도 없이 마당 안으로 뛰어 들어갔다.

마당 안쪽에는 옛날에 살던 황토 흙집이 남아 있었다. 금이 간 벽에는 할아버지가 황토를 덕지덕지 바르고 장작불을 넣어 찜질방으로 사용했다. 방문은 문살에 창호지를 붙였는데 할머니가 국화꽃을 말려 넣고 그 위에다 한 번 더 창호지를 붙였다. 누렇게 변했지만 아직도 남아 있었다.

그 옆에는 황토 벽돌로 지은 새 집이 있었다. 아버지와 고모들이 할아버지와 할머니께 지어 드린 집이었다. 현관문을 열고 들어가니 아수라장이었다. 서랍과 옷장들이 열려 있고 할아버지 책상도 엎어져 있었다. 누군가 와서 뭔가를 찾으려 한 것 같았다.

"누가 이랬지?"

"혹시, 우리처럼 증거가 될 만한 걸 찾으러 왔나?"

창해는 구석구석을 들여다보며 물건들을 정리했다. 특이한 물건이 보이면 거꾸로 들고 탈탈 털었다. 그 속에서 영수

중 같은 게 나왔지만 별다른 것은 없었다. 강호도 집 안을 뒤적거렸다.

"사실 우리는 뭘 찾는지도 모르잖아?"

"맞아, 여기 할아버지 공책을 읽어 보자."

방바닥에는 할아버지가 쓰던 공책이 여러 권 나뒹굴었다. 창해는 마음이 아파서 공책을 소중하게 주워 안았다. 할아버지가 그토록 아끼던 공책이었다. 창해가 매정하게 워드 작업을 거절했고 책이 되지 못한 공책이었다.

할아버지 공책에는 '반딧불이의 노래'라는 제목과 번호가 붙어 있었다. 5권째 공책이 끝나 갔다. 첫 번째 공책은 날짜가 15년 전, 글을 배울 때부터 시작되었다.

1. 이제라도 주글 때까지 공부를 할 거이다.
2. 글쓰기를 배워서 내 채글 만들 거이다. 손자들이 이해하고 기어캐 주면 고마겠다.
3. 반디골은 내 피와 땀이다. 손자들도 일하는 거를 배워야 한다.

첫 장은 글자가 아니었다. 자음과 모음이 제각각 흩어져서 그림에 가까웠다. 받침은 거의 다 날아가고 없어 암호문을 읽는 것 같았다. 그러나 꾸준히 글을 쓰는 동안에 점차 글씨체가 좋아지고 맞춤법도 나아졌다.

솔직하고 단순하게 기록한 문장은 몇 줄만 읽어도 할아버지의 마음이 환하게 들여다보였다. 그때는 예사로 생각했지만 나이 들어서라도 어렵사리 한글을 배운 할아버지가 자랑스러웠다.

나는 아랫마을 다랏거리에 살았는데 아홉 살 나던 해 홍수가 나서 집과 살림살이가 다 떠내려가고, 부모님도 물에 휩쓸려 갔다. 어떤 손길이 나를 건져서 짚 더미 위에 올려놓았다. 사람들은 삼신할매가 도와주었다고 했다. 사람들은 나를 김 진사 댁으로 데리고 갔다. 그때부터 골방에서 자고 꽁보리밥을 한 주먹 얻어먹으며 꼴머슴살이를 했다. 추울 때는 쇠죽 끓이는 부뚜막에서 자고 배가 고플 때는 물로 배를 채웠다.

김 진사 댁에 나보다 두 살 어린 아들이 있었다. 우리는 하늘과 땅만큼 처지가 달랐다. 나는 김만수를 도련님이라고 불러야 했다. 김만수를 돌보며 같이 놀아 주었다.

"봐 봐, 승민이네서 살려 주었다는 말이 사실이었네. 승민이네 증조부가 부자에다 학자였고, 조상 대대로 훌륭한 집안이었네."

강호가 공책을 읽어 보더니 말했다. 창해는 어른들에게 들은 적도 없는, 처음 알게 된 내용이었다.

김만수는 떡이나 곶감 같은 먹을 것이 있으면 양손에 거머쥐었다. 인정이 많아서 한 개는 어른들 몰래 내게 주었다. 어쩌다 어른들에게 들키면 도련님 것을 빼앗아 먹었다고 매를 맞았다. 김만수는 겁이 나서 사실대로 말하지 못했다.

김만수는 나를 형님이라고 부르며 따라다녔다. "도련님, 그러면 큰일 납니다요." 말렸지만 말을 듣지 않았다. 그래서 나는 또 어른들에게 야단을 맞았다.

"역시 승민이 할아버지는 어렸을 때부터 인정이 많았어."
강호의 말에 창해는 깊은 한숨을 내쉬었다.
그때 자동차 올라오는 소리가 요란하게 들렸다.
"야, 숨어!"
창해와 강호는 부랴부랴 공책들을 챙겨서 가방 안에 넣었다. 잽싸게 부엌 뒷문으로 나가 뒤뜰에 숨었다. 창해는 예상하지 않았던 일에 놀라서 몸이 부들부들 떨렸다. 심장이 쿵쿵 뛰는 소리가 강호에게도 들릴 정도였다.

"왜 이렇게 떨어? 만약에 걸리면 놀러 왔다고 하면 되잖아?"

강호는 대담했다. 창해는 강호를 데려오기를 잘했다고 생각했다.

두 대의 승용차에서 남자 어른들이 우르르 내렸다. 승민이 아버지가 사람들을 이끌고 반디골을 구경시키며 마치 자기 집처럼 굴었다.

"와, 여기는 경치가 끝내주네요."

"햇살이 질 들어 전원주택 단지로는 최곱니다."

"저 아래 논밭까지 싹 밀면 택지가 제법 나오겠는데요. 한 평에 몇백만 원씩 올랐으니 그것만 해도 얼마야?"

어른들은 서로 축하한다며 맞장구를 쳐 주었다.

신도시와 가까운 거리에 있는 반디골 주변을 전원주택 단지로 개발하려는 붐이 일어났다. 그래서 욕심에 눈이 먼 승민이 아버지가 빼앗을 생각을 하는 것 같았다.

창해는 가슴속에서 마그마처럼 뜨거운 것이 끓어올라 폭발할 것 같았다. 두 주먹을 불끈 쥐었다.

"이 흙집은 진짜 오래되었네요."

"그 영감은 우리 집 머슴이었어요. 우리 조부께서 먹이고 살려 주었지요. 여기다 집을 짓고 살라고 살림을 내줬는데, 세월이 오래가니까 노인네가 자기 땅이라고 주장해요. 흙집을 짓고 살면서 땅을 야금야금 늘려 갔어요. 이제 3차 판결이 나면 바로 토목 공사를 시작할 수 있을 겁니다."

승민이 아버지는 허세를 부렸다.

잠시 후 그들이 떠나고 나자 창해와 강호는 비로소 큰 숨을 내쉬었다.

"저 사람들은 재판에 완전 이긴 것처럼 말했어. 혹시 증거가 저 사람들 손에 들어간 게 아닐까? 너희 할아버지 짐을 다 뒤진 길 보면 빌써 찾아갔는시도 몰라."

창해는 풀이 죽었다.

'아니야, 그렇다면 번개 구조대가 어젯밤 내게 나타나지 않았을 거야.'

실록 작가를 믿고 싶었다.

김 진사의 정의로움

집 뒤뜰은 산으로 막혀 있어 아늑하고 조용했다. 툇마루에 앉아서 책 읽기에도 좋았다.

"할아버지 공책, 재미있으려고 그래. 여기서 조금 더 읽어 보자. 어쩌면 무엇을 해야 할지 알 수도 있을 거야."

"그래, 그 속에 단서가 있을지도 몰라."

강호의 말에 창해도 동의했다.

할아버지 공책은 오래되어 손때가 묻고 낡았다. 창해는 혹시 할아버지의 개인적인 비밀이 나오면 어쩌나 걱정이 되었다. 손자인 자신은 괜찮지만 강호를 믿어도 될지.

"지난 일을 생각나는 대로 썼다면, 다 적을 수는 없으니까 중요하거나 충격적인 일, 잊을 수 없는 일부터 적었겠지."

강호는 서슴없이 공책을 읽어 나갔다. 원래 잔머리를 잘 굴렸는데, 이럴 때면 탐정처럼 머리가 팽팽 돌아갔다.

"그러니까 반디골, 할머니, 이런 단어가 나오는 것만 보는 거야."

창해도 공책을 펴고 손으로 짚어 가면서 반디골이라는 단어를 찾았다. 그런데 '나으리'라는 단어가 더 많이 나왔다. 그건 할아버지가 승민이의 증조부 김 진사를 부르는 말이었다.

하루는 소죽을 끓이려고 짚단을 썰다가 작두에 중지와 약지 손가락 두 마디가 날아가 버렸다. 나으리가 그걸 알고 눈에 눈물이 글썽거리셨다. "이놈아, 재산이라고는 네 몸뿐인데 어찌 그리 함부로 굴리느냐?" 나으리가 약을 지어 주어서 덧나지 않았다. 불행 중 다행인 것은 나으리는 내가 손가락 두 마디가 없어 총도 못 쓰고 일도 못 한다며 징병에 끌려가는 걸 막아 주었다.

*

마침 암소가 송아지를 낳았다. 마음 붙일 곳 없는 나에게 나으리는 그 송아지를 내 몫으로 줄 테니 키워 보라고 하셨다. 난 꼴을 베다 먹이고 들에 데리고 나가 놀고 애지중지 돌보았다. 송아지는 무럭무럭 자라 몇 년 후 튼실한 소가 되었다.

어느 날 손님이 오신다는 연락이 왔다.

나으리는 형제들을 분가 시킬 때 많은 재산을 나누어 주었고, 독립운동을 하는 친척에게도 몰래 독립 자금을 보냈다. 그 후 재산이 줄어들었다.

나으리는 급하게 뒷산에 있는 대나무를 벌채해서 팔았다. 집에 있는 소들도 전부 다 팔았고 내 몫의 소까지 팔았다. 내가 형제처럼 돌보던 소들이 다 팔려 가고 외양간이 텅 비자 나는 며칠을 눈이 퉁퉁 붓도록 울었다.

목돈을 마련하고 어느 날 손님을 맞이하러 나으리를 모시고 읍내에 나갔다. 나으리가 한약방에서 기다리는 동안 나는 그분을 만나 기차에 돈 가방을 실어 주었다.

"니가 키운 소들이 나라를 구하는 데 갔다. 대견한 일을 했으니 때가 되면 뒷산 골짜기에 붙은 산을 주마. 그 산은 네가 감당할 수 있으면 보물이 될 끼다."

돌아오는 길에 나으리가 내 등을 다독거려 주셨다.

※

나으리가 병들어 눕자 종가의 재산을 분할했다. 자녀들이 불만을 품고 내게 반디골을 내놓으라며 행패를 부렸다. 나는 글도 모르고 법이나 세상 물정은 더욱 몰랐다. 싸움도 못 하고 땅문서를 빼앗겼다. 하지만 반디골에서 나가지 않고 목숨을 걸고 버텼다.

*

원통하게도 나으리 임종 전에 출입을 금지당했다. 그래서 곁에 갈 수도 없었다. 어느 날 나으리가 일하러 간 할멈을 몰래 불러 편지 같은 것을 손에 쥐여 주셨다. 할멈도 글을 모르기 때문에 무슨 내용인지는 알 수 없었다. 단지 후일에 반디골을 지키는 데 필요한 대비책이라고 하셨다.

"승민이 증조부랑 같이 너희 할아버지도 독립운동을 한 셈이네. 그리고 이것 좀 봐. 대비책이 있대!"
강호가 소리쳤다.
"그래, 이거야!"
창해는 보물을 찾은 것처럼 뛸 듯이 기뻤다. 목소리가 떨

김 진사의 정의로움 | 77

리고 눈물이 글썽거렸다.

"승민이 증조부가 너희 할아버지를 아들처럼 사랑하셨네."

"두 사람은 부자지간이나 마찬가지였다니까. 승민이 할아버지는 어려서부터 공부하러 서울로 떠났지만, 우리 할아버지는 김 진사를 평생 곁에서 지켜 주셨대."

창해는 누명을 벗은 것처럼 당당했다.

"이해가 되네. 그 시절에는 땅문서를 빼앗기면 땅도 빼앗기는 거잖아? 그래서 대비책을 남겼다는데 아마 유언장이나 증서겠지. 드라마에 많이 나오잖아?"

할멈은 그것을 누가 빼앗을까 떨리고 무서웠다. 하지만 안전하게 다락에 잘 숨겼다고 했다. 우리는 그 은혜를 잊지 말자고 약속했다. 그런데 할멈이 고추밭에서 일하다 쓰러져 그렇게 갑자기 하늘나라로 갈 줄 몰랐다.

"잠깐, 이거 들은 이야기야. 그동안 쓸 일이 없었는데, 이번에 문제가 되고 나서야 할머니 말씀을 기억해 낸 거야. 황토 집 다락뿐 아니라 창고까지 이 잡듯이 뒤졌지만 증서는 나오지 않았다고 했어. 못 찾으니까 결국 다들 포기한 거야. 그리고 나는 그 말을 믿지 못하게 된 거지."

"할아버지 말씀을 믿고 잘 찾아봤으면 됐을 텐데."

"그러게, 돌고 돌아서 제자리에 왔네."

강호의 말에 창해는 할 말이 없었다.

"아직 늦은 건 아니야. 셜록 홈스는 논리적으로 생각하라고 했어. 만약 나라면 어디에 숨길 것인가 생각을 해 봐. 그들이 옛날에도 땅문서를 빼앗아 갔어. 이번에도 수단 방법을 가리지 않고 빼앗으려는 걸 알면 어디에 숨겨야 할까? 이 집에 감추었으면 또 빼앗겼을 거야. 그런 바보 같은 짓을 왜 하겠냐?"

강호가 제법 그럴 듯하게 추리를 했다.

"맞아. 그럴 때는 자기 집이 더 위험해. 과감하게 의외의 장소나 아슬아슬한 곳에 숨겨야지. 우리 할아버지가 엄한 분이라면 할머니는 유머가 많고 엉뚱한 구석이 있는 분이셨어."

창해는 동의했다.

할아버지는 분가를 하고 나서도 김 진사 집에 씨앗을 뿌리거나 곡식을 거두어들일 때는 가서 일을 해 주었다. 반디골은 새벽과 밤중에 일구었다. 할머니도 그 집에 음식을 장만해 주거나 빨래, 청소 같은 일을 해 주러 다녔다.

"일단 공책은 다음에 읽고 대비책을 찾으러 가자. 이 집에는 없는 게 확실해."

강호가 재촉했다. 증서가 손에 잡힐 것처럼 가까이 느껴졌다. 창해는 할아버지 공책을 가방에 넣었다. 산길을 내려가면서 몇 번이나 할아버지 집을 뒤돌아보았다.

"할머니가 다닌 길을 할머니 눈으로 보면서 내려가는 거야."

창해와 강호는 숲길을 내려갔다.

"실록 작가와 퀴즈 게임만 잘했어도 단서를 더 얻을 수 있었는데."

"걱정 마. 내가 찾아 줄게."

강호가 큰소리를 쳤다.

"그렇다고 너희 할아버지 편이 된 건 아니야. 아직 증거를 못 찾았으니까."

"난 아무래도 좋아. 할아버시 삶을 알게 되니까 어떤 경우라도 이해할 수 있을 것 같아. 글을 몰라도, 가난해도, 어떤 잘못이 있다 해도 내 할아버지라는 걸 인정할 거야. 우리는 핏줄로 이어진 끈이 있으니까."

"난 할아버지 할머니가 안 계셔. 외할머니는 바빠서 조부모의 날에도 못 오셨어. 그런데 승민이 할아버지가 숙제장이나 수저통 같은 걸 가져다주고, 비 오는 날에는 우산도 들고 오셨잖아. 그리고 길에서 우리를 만나면 맛있는 것도 사 주시고……. 그래서 승민이 할아버지를 좋아했어."

"나도 부러웠어. 휴대폰도 없고 옷도 사촌 형들에게 받아

입고 자전거나 책가방도 가격 대비 싼 것만 사야 하고. 어릴 때는 참았지만 사춘기가 오니까 할아버지의 '아껴 쓰라'는 말만 들어도 진저리가 났어. 나중에 돈 벌면 내 마음대로 물건을 살 거라고 속으로 잔뜩 벼르고 있었어. 그래서 할아버지와 빛의 속도로 멀어진 것 같아."

창해는 자신도 모르게 속마음을 드러냈다. 강호가 킬킬대며 웃었다.

"야, 저 나무, 뭔가 느낌이 온다."

마을 지킴이인 400년 된 커다란 팽나무가 마을을 내려다보고 있었다. 늙어서 몸 곳곳에 상처가 났다. 말릴 사이도 없이 강호는 나무둥치로 올라갔다. 옹이 속을 들여다보더니 손으로 뭔가를 끄집어냈다. 새와 다람쥐 같은 동물들 죽은 시체가 들어 있었다.

"으아악."

"꿈속에서는 내가 나무에 올라갔는데 현실에서는 너야."

창해가 배꼽이 빠져라 웃었다.

신목 아래에는 팔각 정자가 있었다. 정자의 천장 아래 기둥에는 한자로 쓰인 시문을 넣은 액자들이 걸려 있었다. 그것들을 꺼내 뒷면까지 열어 보았다.

"여기는 드나드는 사람들이 많아서 위험해."

"그렇다면 남은 곳은 한 군데뿐이야. 바로 승민이 할아버지 집."

강호가 손을 들어 커다란 기와집을 가리켰다. 창해도 그 생각을 하고 있었다.

김 진사 댁은 '명성재'라는 이름에 걸맞는 99칸 기와집이다. 명성재란 밝을 명, 성실할 성, 집 재라는 택호가 솟을대문 위에 걸려 있었다. 성실함으로 세상을 밝히는 집이라는 뜻이었다. 본채와 사랑채, 행랑채가 있고 창고도 여러 개였다. 종가 고택을 높은 담장이 둘러싸고 있었다.

요즘 승민이 할아버지는 할머니가 편찮으셔서 신도시에 나가 살았다. 명성재는 비워 두어서 친척과 문중 사람들이 제사나 행사 때만 가끔 찾아왔다.

솟을대문은 굳게 닫혀 있었다. 창해와 강호는 안채가 있는 뒤쪽 담장을 타고 넘었다. 그리고 할머니가 일하던 재래식 부엌에 들어갔다.

"여긴 불이 날 수도 있고 숨길 곳도 마땅치 않아."

안방에는 대부분의 가구와 살림살이가 그대로 남아 있었다.

"여기 다락이 있어."

창해는 높은 다락을 겨우 기어 올라갔다. 그곳은 부엌 천장이었다. 짐들이 다 치워져 있고 깨끗했다. 나무 기둥 틈새와 나무 바닥을 살폈지만 색다른 게 없었다.

다른 방에도 작은 붙박이장이 붙어 있어 한참을 돌면서 다락과 옷장을 열어 보았다. 하지만 텅텅 비었고 먼지만 뽀얗게 쌓여 있었다.

"지친다, 지쳐."

강호의 열성이 차츰 사그라졌다. 창해도 낙심이 되었다.

마지막으로 사랑채로 갔다. 김 진사가 돌아가시고 난 뒤에 사랑채는 기념실로 꾸며졌다. 방 안에는 김 진사가 한시로 써서 꾸민 병풍이 펼쳐져 있고, 유명한 학자들에게 받은 액자와 호랑이 민화가 걸려 있다.

방 한가운데에는 김 진사의 초상화가 걸려 있어 아이들을 빙그레 웃으며 맞아 주는 것 같았다.

'자신에게 엄격하고 남에게 관대하라.'

가훈 족자 속의 글자가 살아서 꿈틀거렸다. 김 진사의 호통이 들리는 것 같았다. 하지만 아들 김만수와 손자 세대는 그의 덕망을 따르지 못하고 욕심을 부렸다.

"자신에게 관대하고 남에게 엄격한 청개구리들이지."

창해는 입을 삐죽거렸다.

그때 대문 열리는 소리가 났다. 창해와 강호는 얼결에 벽

장문을 열고 그 속으로 들어갔다. 승민이 아버지가 손님들을 배웅하고 집으로 온 것 같았다.

"조심해!"

"신발, 어떻게 해?"

창해는 안달을 하는데 강호가 대담하게 내려가더니 운동화를 집어 들고 왔다. 그사이 창해의 심장은 마구 콩닥거렸다. 허리 높이까지 오는 벽장에서 위로 올라가자 천장이 낮은 다락이 나타났다.

창해는 납작하게 엎드려서 문틈으로 밖을 내다보았다. 승민이 아버지는 화단에 물을 주고 소화기를 확인했다. 그러다

사랑방에도 들어와서 청소를 시작했다.

  창해는 온몸이 졸아드는 것 같았다. 귀에서는 심장이 큰북 소리처럼 쿵쿵거리고 손바닥에는 땀이 흥건했다. 꼼짝 않고 엎드려서 침 넘기는 소리도 참았다.

  승민이 아버지가 사랑채를 나가자 그제야 숨을 크게 몰아쉬었다. 한참이 지나 승민이 아버지가 나가는 소리가 들렸다. 경첩이 뻑뻑한지 대문 닫히는 소리가 요란하게 나고 승용차 시동 거는 소리가 들렸다. 강호는 어느새 누워서 태평스럽게 잠이 들었다.

'할머니가 이곳에 와서 청소를 했을 것이다.'

창해는 다락을 찬찬히 살폈다. 기둥과 서까래 들이 고스란히 드러나 있고 바닥은 깨끗하게 정리되어 휑했다. 눈길이 벽장문 안쪽에 가닿았다. 한지로 덧발라져 있는데 색이 누렇게 변했다. 할머니가 방문에 창호지를 바를 때 국화꽃을 넣어 덧바르던 것이 생각났다. 아마 할머니 솜씨인 것 같았다.

'김 진사가 할머니를 몰래 불렀다.'

창해는 벽장으로 내려가서 문을 열고 방으로 뛰어내렸다. 눈에 띄는 곳이 있는지 샅샅이 살폈다. 벽장문에는 방 안과 같은 무늬 한지가 발라져 있어 방 벽과 구별이 되지 않았다. 보통 문 안쪽은 한지를 바르지 않고 나무가 그대로 드러나 있었다.

창해는 다시 벽장으로 기어 올라간 뒤에 다락으로 올라갔다. 벽장문 안쪽 위에도 한지가 발라져 있는데 윗부분에 약간 도톰한 곳이 보였다. 엎드려서 살피지 않으면 잘 볼 수 없었다. 손으로 그곳을 쓰다듬어 보았다. 한지는 누렇게 변했지만 여러 겹을 발라 볼록하게 들뜬 것이 느껴졌다.

"강호야, 일어나. 이것 좀 봐."

강호가 기어가더니 손을 내밀어 벽장문의 윗부분을 만져 보았다.

"뭔가 있는 거 같네?"

강호는 대뜸 손으로 한지 가장자리를 뜯으려 했다.

"안 돼, 찢어져. 기다려 봐."

창해는 밖에 나가서 물을 한 그릇 떠 왔다. 물을 입에 머금었다가 벽에 대고 내뿜었는데 서툴러서 옷에 다 흘렸다. 할머니가 하던 것처럼 흉내를 내 보았는데 제대로 분사가 되지 않았다.

"어디서 본 건 있어 가지고."

"너 괜히 손대지 마. 분무기 찾아서 올 테니까."

창해는 안채로 가서 분무기를 찾아보았다. 다행히 화분 받침대가 있는 곳에 분무기가 나뒹굴었다. 분무기에 물을 넣어서 다락으로 올라갔다. 한지에 물을 뿌리고 조심스럽게 떼어 내자 한지가 쉽게 벗겨졌다. 풀이 아니라 밥풀을 으깨어 붙인 것 같았다. 그리고 그 속에 무언가가 들어 있었다.

"찾았어! 그대로 있어."

창해는 떨리는 마음으로 종이를 펼쳐 보았다. 접힌 한지는 누렇게 변했지만 잘 보존되어 있었다. 검은 먹글씨가 살아서 꿈틀거렸다.

김 진사의 이름 옆에는 붉은 낙관이 찍혀 있는데 할아버지에 대한 깊은 사랑을 쾅쾅 찍어 놓은 것 같았다.
"이건 유언장이나 마찬가지야!"
창해는 유언장의 효력에 대해 뉴스에서 보고 사회 시간에도 배웠다.

이용덕은 30년 동안 명성재에 기거하면서 새벽부터 저녁까지 농사를 짓고 짐승을 돌보며 재산을 일구었고, 분가 후에도 처와 함께 나와 우리 집안을 위해 헌신적으로 봉사하였으므로 반디골 땅을 새경으로 지급한다. 쓸모없이 버려진 땅이니 개간해서 잘 사용하라.

　　덧붙여,

　　우리 집안 문중이나 형제, 자식, 그 누구도 이것을 빼앗지 못할 것이다. 내 이를 유언으로 남기니 후손들은 그대로 집행하라.

　　　　　　　　　　　　　모년 모월 모일 김훈도

"승민이네 증조부는 진짜 바른 사람이네. 그런데 승민이 할아버지가 그럴 줄은 몰랐어. 인자하고 다정한 말투에다 품위 있는 모습이잖아? 손자들과 아이들에게 그렇게 사랑을 베풀어 주었는데. 난 앞으로 어른들은 아무도 믿지 못할 것 같아."

강호는 속은 것이 분했다.

"난 승민이 할아버지가 딱하고 불쌍하기도 해."

창해는 생각이 달랐다.

"무슨 뜻이야?"

"승민이 아빠가 졸라 대니까 못 이겨서 그런 거짓말을 눈감아 준 건 아닐까?"

"그럴지도. 조상이 부자라도 물려받은 재산은 삼대가 못 간다잖아. 승민이네는 맨날 해외여행 다니고, 외제차 타고, 돈을 많이 쓰니까."

창해의 말에 강호가 어른스럽게 말했다. 그 집 식구들의 생활은 아이들 눈에도 한심하게 보였다.

"너네 할머니는 어떻게 여기에 숨길 생각을 했을까?"

"호랑이 입안이니까 그때는 여기가 제일 안전했겠지. 일하러 오니까 때가 되면 가져가려고 생각하셨겠지."

창해는 그렇게 추론을 했다. 증서가 구겨지지 않도록 공책 갈피에 잘 끼워서 가방 속에 넣었다. 창해와 강호는 들어갈 때처럼 뒷담을 타 넘어 재빨리 명성재를 나왔다. 주변을 살피며 자전거를 세워 둔 곳으로 갔다. 자전거 자물쇠를 풀고 쏜살같이 내달렸다.

마을을 벗어났는데 어디서 나타났는지 승민이 아버지 승용차가 뒤따라왔다. 창해는 뒤를 돌아보다가 깜짝 놀랐다. 자전거가 비틀거렸다. 둑길로 들어서려는데 승용차 창문이 열렸다.

"창해 아니냐? 여긴 웬일이야?"

"놀러 왔어요."

"이제 반디골에 너희 할아버지 집은 없는데, 알지? 강호도 왔구나!"

승민이 아버지 얼굴에 뭔가 미심쩍어하는 눈빛이 서렸다.

"너희들 잠깐만 보자."

승민이 아버지는 길가에 승용차를 세웠다.

"그냥 달려!"

강호가 둑길로 총알처럼 튕겨 나갔다. 창해도 못 들은 척 뒤따라 자전거를 달렸다. 거긴 승용차가 따라 들어올 수 없는 길이었다.

"심장이 쫄려서 터지는 줄 알았어."

"나도 들키는 줄 알았어. 괜히 같이 있어서 좋을 건 없지."

창해와 강호는 긴박했던 순간을 벗어나자 마주 보며 킬킬거리고 웃었다.

시원한 강바람을 맞으며 자전거 길로 달렸다. 신도시로 변한 읍내에 도착하자 여러 갈랫길이 나타나고 사람들이 북적거렸다.

"무사히 임무 완수. 셜록!"

"홈스!"
 창해와 강호는 옛날에 그랬던 것처럼 서로 어깨를 마주치며 으쓱거렸다.

빼앗긴 유언장

"더운데 아이스크림 먹고 가자."
"좋아, 난 화장실도 급해."
창해와 강호는 아이스크림 가게 앞에 자전거를 세우고 들어갔다. 화장실을 갔다 오니 긴장이 풀렸다. 좋아하는 도넛과 아이스크림을 골라 컵에 가득 담아 왔다. 둘은 눈만 마주쳐도 실실 웃음이 터져 나왔다. 함께 힘든 일을 하면서 그동안 쌓였던 섭섭한 것들이 눈 녹듯 사라지고 옛날의 우정이 회복된 것 같았다.
자리에 앉아 아이스크림을 먹기 시작할 때였다. 왁자지껄하게 승민이 패거리가 들이닥쳤다.

"강호, 너 여기서 뭐 해?"

승민이가 대뜸 눈을 치뜨며 따져 물었다.

"어, 그게, 우리는…… 조금 전에 우연히 만났어."

강호가 얼굴이 벌겋게 달아올라 말을 더듬었다.

"내 문자 씹었어?"

"아, 자전거 타느라 못 봤네. 미안, 미안."

강호가 휴대폰을 꺼내 보며 승민이 앞에서 절절맸다.

"나, 갈게."

창해는 먹던 스푼을 아이스크림 컵에 찔러 넣어 왼손에 들고, 베어 먹은 도넛은 오른손에 든 채로 밖으로 나왔다. 그리고 자전거 안장에 올라타 먹어 치웠다. 손을 바지에 쓱쓱 문지르고 자전거를 달렸다. 아버지와 할아버지에게 빨리 소식을 전하고 싶었다. 한참 달리다 보니 등이 허전했다.

"아, 가방!"

등에 가방이 없었다. 창해는 너무 놀라서 급히 자전거를 세웠다. 마치 벌거벗고 자전거를 타고 있는 자신의 모습을 발견한 것 같았다. 온몸에 전기가 흐르듯 찌릿했고 땀이 비 오듯 흘렀다. 자전거를 돌려 허겁지겁 아이스크림 가게로 뛰어 들어갔다. 시시덕거리며 놀던 아이들이 놀라서 쳐다보았다. 다행히 가방이 그대로 있었다.

"거기 내 가방 좀 줘."

"이거? 네 가방이지?"

승민이가 창해에게 건네줄 듯 가방을 들다 멈추었다.

"야, 영화 같은 거 보면 이런 거 그냥 주지 않지?"

"뭔 소리야? 왜 남의 가방을 안 줘? 이리 내."

창해가 다급하게 팔을 내뻗었다. 하지만 옆에서 패거리들이 막는 바람에 창해는 밀려났다.

"뭐가 들었기에 너답지 않게 난리를 치냐?"

승민이가 가방의 지퍼를 쥐고 열려 했다.

"왜 남의 가방을 뒤지고 그래?"
창해는 불같이 소리를 질렀다.
"공책이네. 글씨가 이게 뭐냐?"
"우리 할아버지 거야. 손대지 마."
"네 할아버지는 머슴인데 글도 알아?"

 승민이 패거리가 약을 올렸다. 공책을 모욕하고 버릴 듯 협박을 했다. 창해는 화가 났지만 참았다. 가방 속에는 할아버지 공책도 있고, 그 안에는 유언장도 들어 있다. 그것이 들킬까 봐 어떻게 하든 승민이를 구슬려야 했다.

"얘들아, 너희 싸우려면 나가라."

시끄러운 소리를 듣고 주인이 말했다. 아이들이 우르르 일어섰다. 승민이도 창해 가방을 메고 나갔다.

"잠깐, 이러지 말고. 너 아까 영화 이야기 했지? 재미있는 심부름 하나 시키고 가방 돌려줘라. 얘네 할아버지 지금 위독하시고, 그 공책들은 할아버지가 마지막으로 남기신 유산이라고. 가방도 할아버지가 사 주신 거야."

강호가 나서서 실실 웃으며 중재를 했다.

"마지막 유산! 이런 공책에다 후진 가방을 유산으로 받고. 우리처럼 집이나 땅, 돈 같은 걸 받아야지. 어쨌든 우리하고 수준이 다르니까. 그래도 네가 받은 유산이라니 진짜 귀한 것답게 비싼 값을 치러야지."

승민이는 영화에서 본 듯한 말투와 몸짓을 사용했다.

"넌 한 번도 나한테 고분고분하지 않았어."

"앞으로 고분고분하면 되잖아?"

창해는 승민이 말에 비굴하게 답했다.

"기분 나쁜 눈빛으로 쳐다보고 또……."

"존경하는 눈빛으로 볼게. 또 뭐든지 할게. 가방만 돌려줘."

창해는 눈물이 차오르고 울음이 터져 나오려고 했다. 애걸

복걸할수록 자신에게 불리하다는 걸 알면서도 승민이에게 굽실거렸다.

"좋아, 선심 썼다. 공책 다섯 권에 노예 5일."

"야, 노예가 뭐야? 친구 사이에 그런 건 안 되지."

강호가 설레발치며 끼어들었다.

"그럼 머슴은 어때? 5일간."

"좋아, 뭐든 할게."

아이들의 예상을 뒤엎고 창해는 어떤 조건이든 선선히 받아들였다.

"뭐야? 이러니까 재미가 없네. 창해가 아닌 것 같아. 깐깐한 샌님에다 범생이가 왜 이래?"

승민이가 대어를 낚은 어부처럼 거들먹거렸다.

"나도 널 괴롭히거나 폭력을 쓰지는 않아. 아이들 앞에서 나에게 승복하는 걸 보여 주면 돼. 네 시간을 내 옆에서 보내는 거지."

"그런 게 어디 있어? 장난이 심하다."

강호가 대신 나서서 짜증을 냈다. 창해가 할아버지를 생각하는 건 알지만 자존심까지 다 내버리는 걸 보고 감탄했다.

승민이는 가방을 메고 자전거에 올라탔다.

"가방을 먼저 줘야지."

창해는 승민이 등에 달린 가방을 잡았고, 강호는 승민이 자전거를 잡았다. 승민이 패거리가 막아섰다.

"내가 바보냐? 강호, 너 누구 편이야? 너 때문에 기분 더러워지려고 해."

승민이가 페달을 밟자 강호는 자전거에서 손을 뗐다.

"내일 아침에 보자."

승민이가 가 버리자 강호도 서둘러 자전거를 타고 승민이 패거리를 따라갔다. 창해도 자전거를 타고 뒤따라갔다. 하지만 길에서 그들을 놓치고 말았다.

창해는 날강도를 만난 것 같았다. 어쩐지 일이 너무 잘 풀린다고 생각했다. 잠깐 방심한 탓에 망치고 말았다. 겨우 정신을 차리고 병원으로 갔다.

아버지가 할아버지 곁에서 간호를 하고 있었다.

첫 번째 재판에 졌고 두 번째 재판에서는 반디골 땅을 분할하라는 결과가 나왔다. 할아버지는 반디골을 한 평도 내놓을 수 없다며 가슴을 쳤다.

"반딧불로 별빛을 대적하랴?"

그건 '달걀로 바위 치기'라는 말과 같은 뜻이다. 할아버지에게 김만수는 평생 넘을 수 없는 산이었다. 그의 횡포를 이길 수 없다는 절망으로 할아버지는 쓰러졌다. 마지막 재판이 남아 있었다.

할아버지는 의식이 돌아와서 눈을 떴지만 말씀을 하지 못했다.

"할아버지, 용서해 주세요."

창해는 살그머니 다가가 할아버지 손을 잡았다. 그동안 속마음을 들킬까 봐 할아버지와 눈을 마주칠 수가 없었다. 그러나 이제는 속마음을 할아버지께 마음껏 보여 드리고 싶었다. 빼앗긴 증서를 생각하니 서러워서 어깨를 들썩거리며 울었다.

"할아버지, 버릇없이 군 것 죄송해요. 자서전 컴퓨터 작업 거절한 것도 죄송하고요."

창해는 할아버지 귀에 대고 빌었다.

"구두쇠라고 흉본 것도 승민이 할아버지랑 비교한 것도 죄송해요. 그리고 또 할아버지와 말도 안 하고 할아버지를 믿지 않은 것도요……."

할아버지와 둘만 아는 이야기들도 있지만 창해 가슴에 쌓인 비밀도 있었다.

할아버지는 고개를 저었다. 괜찮다는 뜻으로, 여전히 창해를 사랑하는 눈빛으로 바라보았다.

"할아버지, 조금만 기다려 주시면 제가 멋진 소식을 가져

올게요. 약속해요."

큰 소리로 말하자 할아버지는 알아들은 듯 고개를 끄덕였다.

"무슨 일 있냐?"

병실 밖으로 나오자 아버지가 걱정을 했다.

"아니요, 할아버지가 너무 불쌍해서."

"괜찮아, 할아버지한테 우리가 있잖아. 그리고 할아버지 시절에는 다들 그렇게 고생하며 살았어. 너무 부담 갖지 마. 넌 네 일에 최선을 다하면 돼."

창해는 아버지에게 반디골에 갔다 온 이야기를 전할 수 없었다. 증서를 찾았다고 자랑하며 놀라게 해 줄 수가 없었다. 혼자 쓸쓸하게 집으로 돌아왔다.

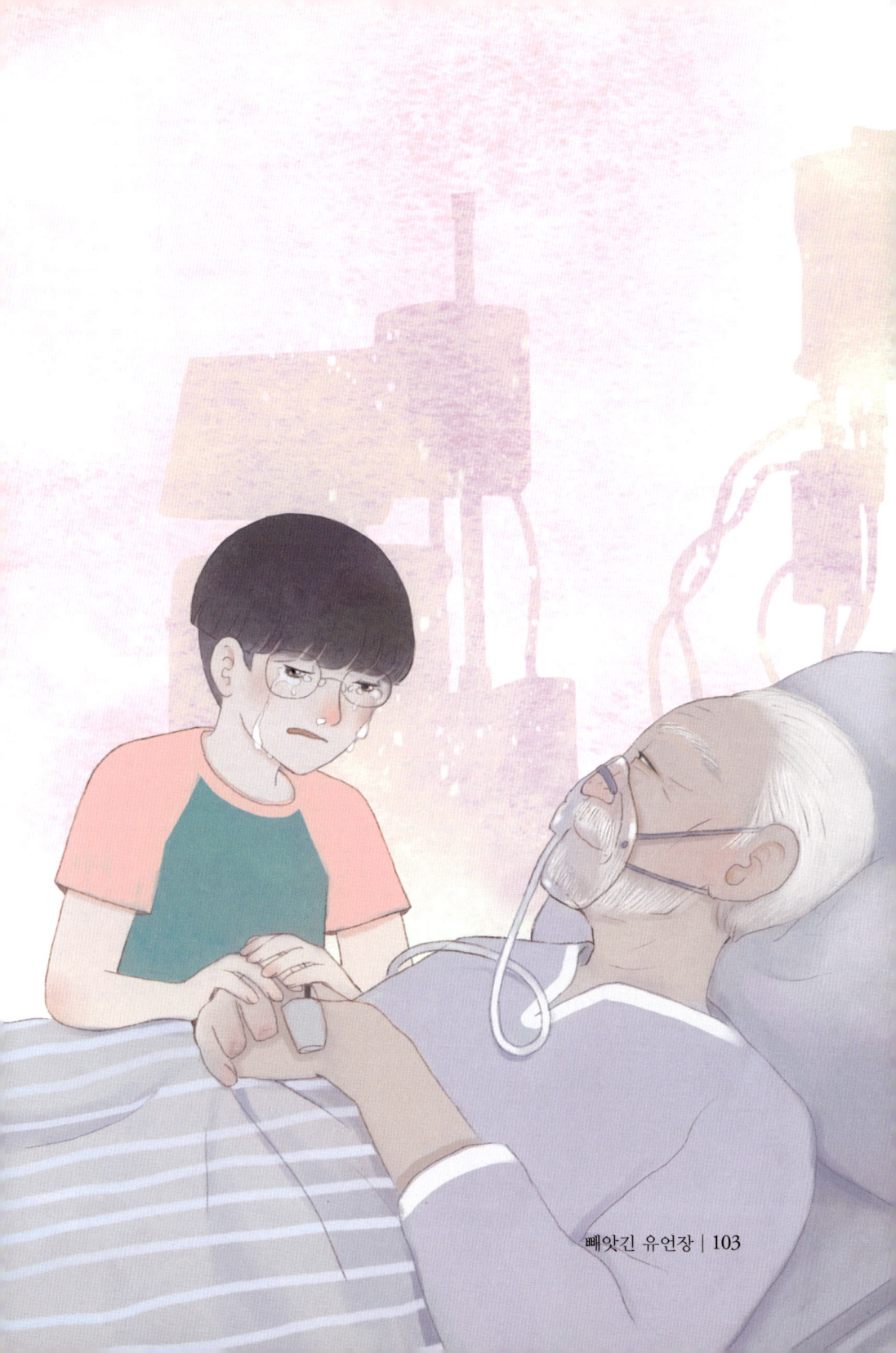

머슴살이 5일

창해는 길고 긴 하루를 보내며 꿈을 꾼 것 같았다. 강호를 만나서 이야기하면 속이라도 좀 편해질 것 같았다. 집으로 가는 길에 강호 집으로 달려갔다. 아무리 벨을 눌러도 강호는 나오지 않았다.

저녁때가 되어서야 강호가 전화를 해 주었다.

"아까 너한테 전화하려고 했는데 넌 폰이 없잖아? 너네 집에 갔더니 문도 닫혔고. 네가 걱정할 거 생각하니까 속 터지는 줄 알았어."

"할아버지 병원에 갔다가 너네 집에도 갔었어."

"걱정하지 마. 내가 승민이 따라다니면서 가방을 함부로 하지 않도록 했어. 나는 밖에 있었고 저희들끼리 강당에 가방을 숨기고 나왔어. 기회를 봐서 내가 가방을 빼낼게."

"강호야, 고마워."

"치킨을 사서 개를 줄 수는 없잖아?"

강호가 이 와중에 속담을 바꾸어 우스갯소리를 했다. 승민이 비위를 거스르지 않으려고 피시방까지 따라갔다가 지금 집으로 가는 길이었다.

＊

다음 날 아침이 되었다. 창해는 학교 가는 길이 이렇게 비장하기는 처음이었다. 태양이 회색으로 보이고 자신은 장터로 끌려가는 송아지가 된 기분이었다. 앞으로 5일간을 승민이의 머슴이 되어서 살아야 했다. 머슴이라는 단어가 뭔지는 모르겠지만, 자존심 상하고 험한 일들이 생길 텐데 잘 감당할 수 있을지 걱정되었다.

'할아버지만 생각해. 가방을 돌려받아야지.'

창해는 뒷동에 있는 승민이네 아파트 앞으로 갔다. 승민이는 학교를 일찍 가는 편이 아니어서 늦게 나왔다.

"어? 진짜 왔네!"

승민이는 창해를 보고 깜짝 놀랐다.

창해는 눈을 내리깔고 승민이와 눈을 맞추지 않았다.

승민이도 창해 눈치를 보며 말없이 걸어가고 창해가 한 걸음 뒤에서 따라갔다.

"야, 옆에서 걸어. 남이 보면 이상하잖아?"

"싫어. 난 내 맘대로 이렇게 걸어갈 거야."

창해는 고집을 부렸다. 학교 갈 때까지 한 걸음 뒤에서 따라 걸었다. 승민이는 우쭐하고 신이 났다. 쉬는 시간에도 승민이가 복도로 나가면 창해가 그 뒤를 그림자처럼 따라갔다. 화장실에 갈 때도 어학실에 갈 때도. 그렇게 일정한 간격으로 뒤에서 걸어갔다.

"이렇게 하면 내가 감시당하는 것 같잖아? 옆에서 걸으라니까, 웃으면서, 존경하는 얼굴로."

승민이가 짜증을 냈지만 창해는 끄떡도 하지 않았다.

창해는 급식실에서도 승민이 옆에서 밥을 먹었다. 승민이 패거리가 밥알이 입에서 튀어나오도록 장난을 치며 지저분하게 구는 게, 정말 같이 밥을 먹기 싫었다.

"네가 그렇게 심통 난 얼굴로 밥 먹으니까 체하려고 한다. 내가 벌 받는 것 같잖아?"

승민이는 승민이대로 신경이 쓰이고 불편했다. 승민이 패거리들도 처음에는 재미있어하다가 창해가 너무나 진지하게 약속을 지키자 나중에는 모르는 척 피했다.

창해는 하교 후에 처음으로 피시방에 따라갔다. 피시방은 자신이 동경하던 곳이기도 했는데 분위기가 어두침침해서 머리가 아팠다. 서툰 창해의 게임 실력을 지켜보던 아이들은 재미없다며 저희들끼리만 놀았다. 창해는 코인 노래방과 분식집도 따라가야 했다. 그렇게 어울려 다니며 저녁때쯤 집에 돌아왔을 때는 거의 탈진 상태였다.

하고 싶은 일은 못 하고 하기 싫은 일만 억지로 하면서 시간과 자유를 빼앗기는 체험을 했다. 머슴살이라는 건 주인의 뜻을 기다리고 비위를 맞추어야 하는 긴장의 연속이었다. 비로소 할아버지가 얼마나 힘들게 살았는지 이해가 되었다.

*

둘째 날 강호는 일찍 학교에 가서 강당을 뒤졌다. 강당 창고와 화장실까지 다 뒤졌지만 가방이 보이지 않았다.

창해는 승민이에게 매여 있는 데다 감시를 받았다. 학교가 끝나고 승민이 학원 갈 때까지 같이 있어야 했고 학원 갔을 때도 그 아래에서 대기해야 했다. 만약 어길 시에는 머슴의

날짜가 더 늘어나기로 약속했기 때문이다. 그래서 가방을 찾으러 다닐 시간이 없었다.

강호는 다시 승민이에게 붙어서 알랑거렸다. 그러다 화장실 가는 시간이나 점심에 틈틈이 학교를 뒤졌다.

강호와 창해는 승민이한테 들킬까 봐 학교에서 마음 놓고 이야기를 할 수 없었다. 둘째 날도 힘든 하루가 겨우 지나갔다.

※

창해는 집에 오면 녹초가 되었다. 부모님은 병원에서 늦게 와서 달라진 창해의 생활을 전혀 눈치채지 못했다. 저녁때에 강호와 전화로 소식을 주고받았다. 창해는 폰이 없어서 정말 갑갑했다.

"가방을 다른 곳으로 옮겼나 봐."

"없어진 것 아니고? 집에 가져갔으면 어쩌지?"

창해는 얼굴이 하얗게 질렸다.

"친구 가방을 집에 가져가면 혼나지. 학교 안에 있을 거야."

"공책을 꺼내 읽지는 않을까?"

"별걱정을 다 해. 책도 안 읽는 애가 암호문 같은 공책을 읽겠어?"

강호는 창해를 불안하게 하고 싶지 않았다.

"선생님한테 다 말할까?"

"안 돼. 그러다 승민이 아빠가 알게 되면 유언장을 빼앗길 수도 있어."

창해가 말렸다.

*

셋째 날 아침, 창해는 승민이에게 직접 물었다.

"너, 내 가방 어디에 뒀어?"

"너만 신사냐? 나도 약속은 지켜. 가방은 잘 있으니까 걱정 마."

승민이가 버럭 큰소리를 쳤지만 어딘가 불안해 보였다.

"가방에 손대지 말고, 고스란히 그대로 돌려줘야 해. 난 약속을 지키고 있어. 만약 약속을 어기면 널 가만두지 않을 거야."

창해는 다짐을 놓았다. 그리고 여전히 승민이 뒤에서 걸었다.

"야, 쟤가 머슴이 아니고 보스같이 멋지잖아? 허리를 굽혀야 머슴이지."

승민이 패거리가 나타나 승민이 옆에서 떠들었다.

"그러다 선생님이 알면 어떻게 해? 조용히 해!"

수요일은 방송 조례를 하는 날이다. 분실물을 찾아가라는 방송이 나왔다. 학생들이 흘린 점퍼, 공, 가방, 신발 한 짝까지 온갖 물건들이 화면에 나왔다. 이상하게 승민이 패거리들이 조용하게 화면을 지켜보았다. 창해도 혹시나 하고 화면 속 가방을 살펴보았다.

조례를 마치고 아이들은 수업 준비를 했다. 그때 방송반 채연이가 뒷문을 열고 들어왔다. 채연이 손에는 창해 가방이 들려 있었다. 그걸 본 승민이 패거리가 재빨리 달려들었다.

"그거 승민이 거야."

"아니야, 내가 가방 안에 보니까 창해 이름표가 있어서 가져온 거야."

채연이가 가방을 움켜쥐었다. 승민이가 달려가서 강제로 빼앗으려 했다. 채연이가 가방을 빼앗기지 않으려고 다급하게 창해를 불렀다.

"왜 그래? 무슨 일이야?"

소란스러운 통에 선생님까지 알게 되었다.

"분실물 센터에서 창해 가방을 찾았어요. 그런데 승민이가 자기 거래요."

"이 가방 제 거예요. 창해가 저 줬어요."

궁지에 몰린 승민이가 가방을 움켜쥐고 눈을 부릅떴다.
"아니에요, 그 가방 제 거예요."
창해가 외치며 가방을 잡았다. 가방은 세 사람의 손에 잡혀 있었다.
"창해 가방 맞아요. 승민이가 장난치며 숨기고 돌려주지 않은 거예요."
목격자 강호가 시원하게 증언했다.
"그런 건 장난이 아니야. 친구를 괴롭히는 행동이잖아."

선생님이 엄한 눈빛으로 승민이를 꾸짖었다. 비로소 승민이는 가방에서 손을 뗐다. 창해는 채연이 손에서 가방을 건네받았다. 고마워, 인사도 잊지 않았다.

어제 오후에 강당에서 체육 수업을 하던 반이 뜀틀 기구를 들어내다가 가방을 찾아냈다. 그 가방을 방송실 분실물 센터에 가져다 두었고, 승민이 패거리는 가방을 잃어버린 걸 비밀에 붙인 채 저희들끼리 수군거렸다. 채연이가 분실물 찾아 주기 방송을 하려고 가방을 뒤지다가 작은 이름표가 달려 있는 걸 찾았다.

"야, 창해한테 사과해. 가방을 뺏어 가더니 제대로 보관도 못 하고 잃어버렸잖아."

강호가 당당하게 명령했다.

"뭘 사과를 해! 가방 찾았으면 되었지."

승민이는 되레 큰소리를 쳤다.

창해는 주먹을 불끈 쥐었다. 뻔뻔한 아이라 사과 같은 건 기대하지도 않았다.

승민이는 부잣집 막내아들의 늦둥이로 태어나 온갖 사랑을 받으면서 자랐다. 돈이나 힘으로 친구들과 어울려 다니기만 하면 친구가 되는 줄 알았다.

"네 증조부는 우리 할아버지를 머슴으로 부렸지만 인격을 존중하고 정당하게 대가를 지불하셨어. 사랑으로 대하셨다고. 우리 할아버지도 너희 할아버지처럼 일가를 이루고 떳떳하게 살게 해 주셨어. 그건 사람을 대하는 예의야."

"어쭈, 우리 증조부에 대해 나보다 더 잘 알아?"

"넌 너의 증조부에 대한 공부를 좀 해. 넌 가짜 손자일 거야. 너 같은 돌연변이가 나올 리가 없어."

"어쭈, 내가 미안한 척하니까 까불고 있어."

승민이가 주먹을 날릴 기세였다. 창해는 뒤로 물러섰다. 그리고 할 말을 마저 했다.

"사람은 평등해. 머슴은 직업일 뿐이야. 돈이나 힘으로 다른 사람의 자유를 빼앗을 수 있다고 생각하면 그건 오산이야. 친구를 사귀고 싶으면 이솝 우화부터 다시 읽어. 기본부터 다시 시작하라고."

둘은 같은 유치원에 다녔고 초등 2학년 때까지만 해도 곰과 친구, 여우와 두루미 같은 역할극을 하면서 참된 우정에 대해 배웠다.

"뭐라는 거야? 이 잘난 척쟁이가?"

승민이는 도리어 화를 냈다.

"야, 주먹이라도 한 대 날려야지. 고작 이솝 우화를 다시 읽으라니, 그게 할 말이냐?"

강호가 펄펄 뛰며 화를 냈다.

하지만 창해는 할아버지의 자서전 공책이 무사히 돌아왔으니 만족했다. 게다가 머슴이 아니고 자유를 되찾았으니 더 이상 바랄 게 없었다. 하루 동안 마음껏 학교를 활보했다. 점심도 채연이와 함께 먹었다. 자신에게 주어진 시간이 얼마나 소중한지 깨달았기 때문에 창해는 승민이를 더 이상 미워할 필요가 없었다.

창해는 아버지에게 연락한 뒤, 함께 변호사에게로 달려갔다. 변호사는 창해가 찾은 증서가 승민이 아버지의 트집에 대항할 수 있는 결정적인 증거라고 했다.

승민이 아버지 주장은 김 진사가 어렸을 때부터 할아버지를 키워 주었고, 당시는 머슴에게 밥만 먹여 주면 되었지 별도의 새경을 지급할 필요가 없었다고 우기는 내용이었다. 그러면서 머슴에게 과도한 재산을 상속했으므로 땅을 반환하라는 소송을 낸 거였다.

할아버지는 재산을 모으는 데 자신이 기여했으므로 새경을 받는 것이 당연하다고 주장했고, 만일의 경우 땅을 내놓아야 한다면, 30년간 일한 임금을 청구하겠다고 했다.

그러자 승민이 아버지는 만약 일한 임금을 준다고 해도 9살부터 39살까지 30년 중에서 어린아이의 노동력은 임금으로 환산할 수 없다며 20세 이상 성인이 된 이후의 임금만 계산해 줘야 한다고 주장했다.

"아이라고 마음대로 부려 먹어도 된다니 정말 파렴치한 생각이다."

 창해는 생각만 해도 부들부들 떨렸다. 사실 할아버지가 50년 이상 살면서 개간했으면 실제 주인으로 인정하는 것이 관례였다. 그리고 이제 증서에서 상속이 아니라 할아버지가 일한 대가로 땅을 받았다는 것이 밝혀졌다. 그러나 재판에서의 승률은 상대편이 어떤 증거를 내미느냐에 따라 달라진다고 했다.

 "마음에 걸리는 게 있어요. 저쪽에서 증거가 있다고 큰소리를 쳤거든요. 마지막에 제시할 거라고 했는데 그게 뭘까요? 혹시 이런 유언장 같은 게 아닐까요?"

 아버지가 걱정스럽게 물었다.

 "그럴 수 있어요. 아들에게 상속한다는 유언장이 나오면 큰일이지요."

 변호사도 걱정스럽게 말했다.

 "김 진사 할아버지는 절대 그럴 분이 아니에요. 반디골에 대한 유언장을 다시 써 줬을 리가 없어요. 난 그분을 잘 알아요."

 김 진사를 향한 창해의 믿음은 절대적이었다.

 "저쪽은 낙관이 집에 있으니 필체를 조작해서 얼마든지 유언장을 조작할 수 있어요. 요즘은 유언장을 쓰고 그걸 국가

나 단체가 증명해 주는 공증이란 걸 받지만 그 시절에는 그런 게 없었으니까요. 그래서 가장 최근의 유언장을 인정한 사례가 있어요. 만약 조작했다면 그들은 분명 날짜를 돌아가시기 직전 이것보다 하루라도 더 늦게 했을 겁니다."

얼마나 힘들게 찾았는데 모든 일들이 물거품으로 돌아가려고 했다.

"혹시 할아버지가 기록한 공책을 증거로 채택할 수 있나요?"

"당연하지. 요즘 메모나 일기장이 증거로 채택되어서 판결에 영향을 미친 경우가 종종 나왔지. 그런 게 있다면 자료를 다 모아 오세요."

변호사는 가능하다고 했다.

창해는 할아버지의 자서전을 생각했다.

뜨거운 마음을 보여 주는 방법

아버지가 창해를 데리고 상가에 갔다.

번화가 사거리에는 스마트폰 매장의 불빛이 요란했다.

"할아버지가 너 보고 싶을 때 통화하고 싶다며 스마트폰을 사 주라고 하셨다."

"우와! 진짜요?"

창해는 소리를 지르며 두 팔을 들고 만세를 불렀다. 그동안 아이들 스마트폰을 기웃거리며 받았던 설움은 이루 말할 수 없었다.

아버지는 창해의 격한 반응에 무안해했다.

"다른 아이들은 다 가지고 있는 스마트폰을 너만 없다며 진즉에 사 주라고 하셨지만 아빠가 말렸었거든."

창해가 춤을 추듯 걸어가자 지나가는 사람들이 쳐다보았다.

반에서 스마트폰이 없는 아이는 창해뿐이었다. 그래서 친구들과 만날 약속도 쉽게 할 수 없었고, 친구들과 단톡방에서 수다를 떨 수도 없었다.

"세상에는 좋은 물건들이 많지만 살 것을 선택할 때는 신중해야 한단다. 꼭 필요한 것인지 아닌지 구별할 줄도 알아야 하고. 남들이 한다고 덩달아 따라 하지 말고 너에게 유익한가를 생각하고 정해야 해. 특히, 자신의 분수에 맞는지가 중요해."

아버지는 물건을 살 때 지켜야 힐 원칙 중에서 분수를 강조했다.

"알았어요. 지금이 꼭 필요한 때예요."

창해가 휴대폰을 처음 산다는 말에 대리점 직원이 묘한 표정을 지었다.

"사진 잘 찍을 수 있고, 문자 잘 보내고, 단톡방에도 들어갈 수 있는 모델로요."

창해가 특별한 주문을 하듯 말했다.

"그건 스마트폰의 기본 기능이야."

직원이 웃었다.

"필요할 때만 사용해야 해. 할아버지와 자주 통화하고."

"네, 알겠어요."

창해는 어떤 어려운 약속이라도 지킬 수 있을 것 같았다.

요즘 할아버지는 의식을 회복하고 건강이 나날이 좋아졌다. 중환자실에서 일반 병실로 옮겼고, 의사소통도 조금씩 가능했다.

*

집에 와서 할아버지와 영상 통화를 했다. 옆에서 간병사가 도와주었다.

"할아버지, 창해예요."

"으으, 우리 차해!"

"할아버지, 사랑해요."

창해는 하트를 만들어 보였다.

"으으, 으으. 고마다."

할아버지 눈에 눈물이 고였다.

할아버지의 작은 소원이 이루어졌다. 창해와 영상 통화를 하는 것, 뜨거운 마음을 전하고 창해의 마음도 전달받는 것.

창해는 강호에게 문자를 보냈다.

> 강호야, 나 창해. 내 번호, 행운의 7이 5개임. 멋지지?

> 너랑 문자하는 게 이렇게 어려울 일이야?

> 어렵게 얻은 거라서 난 더 기뻐.

> 축하, 축하!

그러다 강호에게 영상 통화를 연결했다.

"강호야, 전에 너한테 배신자라고 한 거 사과할게. 넌 내 친구야. 네가 승민이하고 친하든, 승민이랑 어울려 다니든 상관없어. 우리가 떨어져 있어도 내 마음속 친구는 바로 너야."

"야, 오글거려."

강호는 레몬을 먹었을 때처럼 눈을 가늘게 만들며 웃었다.

"다음에는 뽑기방에 같이 가자. 혼자 뽑는 것만큼 세상에 재미없는 일은 없거든. 인형을 집게로 아슬아슬하게 집어서 옮기는 걸 친구들이 지켜봐 줘야 짜릿하다고."

"뽑기방 접수! 다음에 꼭 같이 가자."

창해와 강호는 수다를 떠느라 시간 가는 줄 몰랐다.

뜨거운 마음을 보여 주는 방법

다음 날 학교에 가는데 발걸음이 날아갈 것 같았다. 노래가 저절로 나오고 세상이 달라져 보였다. 수업 시작 전, 창해도 당당하게 핸드폰을 제출했다.

채연이는 창해의 핸드폰을 보고 깜짝 놀랐다.

"창해야, 너 드디어 핸드폰 샀구나!"

"응, 꼭 필요해서……."

창해가 부끄러워하며 말했다.

"근데 그 기쁨, 일주일도 안 가. 너 이제 고생문이 훤히 열렸어."

"맞아, 귀찮은 혹이야. 늘 들고 다녀야 하고, 엄마가 계속 호출하고, 또 궁금해서 자꾸 들여다보게 돼."

채연이 말에 다른 아이도 의견을 보탰다.

"너희들 말 들으니까 벌써 후회가 되려고 그러네. 그런데 그것도 핸드폰 있는 자들의 여유 아니겠어?"

아이들과 웃고 떠드는데, 선생님이 걱정하지 말라는 듯 한마디 했다.

"아마 창해는 필요할 때만 잘 사용할 거야, 그렇지?"

"자신 없어요. 하지만 노력할 거예요."

쉬는 시간이 되자 창해와 강호는 스파이처럼 조심스럽게 이야기를 나눴다.

"어떻게 됐어?"

"재판 때까지 유언장도 할아버지 공책도 비밀로 해야 해. 저쪽에 노출되면 안 된대."

"당연하지. 그러면 우리 둘이 친하다는 걸 들키면 안 될 것 같아."

마침 승민이가 교실에 들어오자 둘은 후다닥 떨어졌다.

가방 사건 후에도 창해는 감정을 겉으로 드러내지 않았다. 승민이에게 화를 내지도 않고 평소처럼 대했다.

"너희 뭐 있지? 강호가 휴대폰 사라고 했냐?"

"넌 아직도 창해를 모르냐?"

강호가 쏘아붙였다.

"오늘 수업 끝나고 뭉치자."

"난 안 돼. 또 학원 빠지면 아빠한테 쫓겨나."

강호가 거절하자 승민이가 창해를 쏘아보았다.

"너희 둘 수상해. 뭐 있지?"

"있으면 어쩌라고? 그리고 너한테 할 말이 있어."

강호가 맞받아쳤다.

"강호야, 안 돼!"

창해가 놀라서 막아섰다.

"괜찮아. 승민이하고 개인적인 문제야."

강호가 승민이와 복도로 나갔다.

잠시 후 얼굴이 벌겋게 달아오른 승민이가 창해에게 곧장 달려왔다. 아니, 쳐들어왔다는 말이 맞다.

"야, 너 강호한테 뭐라고 했어?"

창해가 어리둥절한 표정을 짓자 연이어 따져 물었다.

"네가 다시 강호랑 한 팀 하자고 했냐고!"

쫓아 들어온 강호가 둘 사이에 끼어들었다.

"그건 내 생각이라니까. 너랑 한 팀 하겠다고 창해한테 물어보지도 않고 멋대로 바꾼 게 미안해서 원래대로 하자는 거라고."

"왜? 창해가 배드민턴 안 한다니까 겁나냐? 코치 샘이 뭐라 그랬어? 나, 우리 할아버지한테 다 말한다."

"괜찮아, 다 말해. 그동안 열심히 네 비위 맞추느라 에너지가 바닥났어."

승민이가 으르렁거렸지만 강호는 끄떡도 하지 않았다.

"내가 배드민턴을 계속하더라도 꼭 강호랑 짝 안 해도 돼. 너희 둘이 호흡 잘 맞춰 봐."

창해가 말렸지만 강호는 승민이와 더는 한 팀이 될 수 없다고 했다.

코치 선생님이 나서서 겨우 중재했다. 창해가 배드민턴을 계속하고 승민이와 강호가 복식 팀을 하는 걸로.

"너희 둘, 가만 안 둬!"

승민이는 큰소리쳤지만 초초한 표정이 얼굴에 비쳤다.

창해와 강호는 점심시간에 화장실에서 몰래 만났다.

"할아버지 공책을 제출할 거야. 그런데 할아버지 글씨를 사람들이 제대로 알아볼지 걱정이라서 자서전처럼 책 형태로 만들려고."

"컴퓨터로 작업하면 되겠네."

"문제는 재판 날짜가 얼마 남지 않았다는 거야. 그래서 당분간은 배드민턴 연습을 못 할 거 같아."

복도로 나오면서 창해가 부탁하듯 말했다.

"대회가 얼마 안 남았는데 이제 와서 연습을 못 하면 어떻게 하겠다는 거야?"

깜짝 놀란 강호는 자기도 모르게 목소리를 높였다.

"너희는 만나기만 하면 싸우냐? 철들 때도 되었잖아?"

지나가던 채연이가 둘을 보고 걱정하듯 말했다.

"내 말이……."

강호는 채연이에게 살짝 웃어 보이고는 창해 귀에 대고 소곤거렸다.

"배드민턴 연습 마치고 우리 둘이 같이하면 되잖아."

창해는 재판하는 날 전에 할아버지의 자서전을 완성하려고 했다.
3차 재판 결과가 좋지 않으면 할아버지가 충격을 받아 다시 건강이 악화될 수도 있다.
상대편에게 작전을 들키면 안 된다.
방심은 금물이다.

위대한 유산

창해가 공부만 하느라 눈도 나빠지고 체력도 약해진다며 엄마가 운동을 권했다. 그래서 작년부터 배드민턴을 시작했는데 재미도 있고 실력도 부쩍부쩍 늘어서 그만두기엔 아쉬웠다. 강호가 부탁하는 바람에 창해는 배드민턴 연습에 빠질 수가 없었다.

승민이가 분풀이라도 하듯 창해에게 맹공격을 퍼부었다.

"무슨 라켓을 그렇게 휘둘러 대나?"

코치 선생님이 한마디 했다. 금방 지쳐 버린 승민이가 숨을 헐떡였다.

창해와 강호는 서로의 구질을 잘 알기 때문에 랠리가 길게

이어졌다.

창해는 연습을 마치고 곧장 집으로 돌아와서 할아버지의 일기를 컴퓨터 워드 프로그램으로 옮겼다. 알아보기 힘든 할아버지 글씨가 중간중간 섞여 있어서 진도가 빠르지 못했다. 이 작업은 할아버지 바람대로 창해가 직접 해야 했다. 게다가 비밀이 드러날까 봐 남에게 맡길 수도 없었다. 그런데 할아버지는 왜 굳이 창해에게 워드 작업을 부탁했을까?

강호에게 문자가 왔다.

> 작업 잘 됨?

> 힘들어.

> 반디골 생각 때문에 학원 수업에 집중이 안 돼.
> 끝나면 너희 집 갈까?

창해는 잠시 생각했다. 강호는 이미 비밀을 나눈 믿을 수 있는 친구였다.

> 환영.

강호는 학원 수업을 마치자마자 단걸음에 달려왔다.

창해네 거실에는 텔레비전과 소파가 없고, 책장이 벽면에 빙 둘러 있었다. 가운데에는 커다란 테이블에 여섯 개의 의자가 놓여 있고 한쪽에 컴퓨터가 있었다. 마치 회사에서 사용하는 회의실 같았다.

"왜 이렇게 책상이 커?"

"여기서 아빠는 신문이나 책을 읽고, 엄마는 글을 쓰고, 나하고 누나는 공부를 해."

게임을 하는지 공부를 하는지, 잠자는 거 빼고는 모든 생활이 공개되는 구조였다. 집 분위기가 특별할 거라고 짐작은 했지만 실제로 훨씬 더 고리타분했다.

창해가 '반딧불이의 노래' 2권을 강호에게 건네주었다. 강호는 컴퓨터로, 창해는 엄마가 쓰는 노트북으로 작업을 나눠 했다.

"나, 꼭 작가가 된 것 같아."

강호가 진지한 표정으로 말했다.

반디골을 호미와 삽으로 개간했다. 내 땅이라서 얼마나 좋은지 자다가도 밭에 가고 밥 먹다가도 밭에 갔다. 달빛을 받아 가며 해가 뜰 때까지 돌을 주워 내고 밭을 만들었다. 멧돼지 공격을 받아서 농사가 엉망이 되었고 삵과 오소리가 와서 닭을 잡아

먹었다.

　우리 아들이 태어나 자라면서 울음소리가 대포알을 먹은 것 같았다. 산짐승들이 아들 울음소리를 듣고 자리를 비켜 주고 산으로 올라갔다. 일 갔다 오면 어린아이들이 시키지도 않았는데 산에서 돌을 골라냈다. 아들은 뱀과 지네에 물려 팔다리가 퉁퉁 부었다.

　보릿고개다. 아들을 데리고 강으로 가서 잘피를 뜯었다. 어느 순간 아들이 강물에 쓸려 떠내려갈 뻔했다. 며칠 동안 뒷산을 오르내리며 산호자 나무 잎을 땄다. 끓는 물에 잎을 데쳐서 말렸다. 간장에 장아찌를 담그고 양념장을 만들어서 김치도 담갔다. 보릿고개에 먹을 것이 없어서 잘피와 산호자를 먹으며 연명했다.

창해는 음식을 중요하게 여기는 할아버지를 이해하게 되었다.

할아버지는 손주들에게 독상을 차려 주었는데 고기는 제일 연한 부분을, 생선은 통째로 한 마리씩 곱게 구워서 상 위에 올려 주었다. 식사를 마치면 손주들이 좋아하는 감이나 배를 깎아서 접시에 수북하게 담아 주었다. 손주들이 많이 먹으면 그저 좋아했다. 어린 창해는 그런 할아버지를 기쁘게 해 드리려고 배불뚝이가 되도록 먹었다. 그 일을 생각하니 저절로 웃음이 나왔다.

겨우내 삼량진에서 일거리를 얻었다. 그곳은 딸기 시배지다. 풀포기에서 줄기가 뻗어 나가더니 희한하게 생긴 열매가 달렸다. 열매가 익어 가자 달콤한 향내가 진동했다. 한 개를 집어서 입에 넣고 씹었더니 달콤한 맛이 입안 가득 퍼졌다. 딸기는 비싼 값에 도시로 팔려 나갔다. 품삯으로 딸기 모종을 달라고 했다. 딸기 모종을 보고 마누라와 아이들이 실망했다. 아이들은 밤이 되자, 고픈 배를 움켜쥐고 잠이 들었다.

"내년 봄까지 참아라. 딸기가 열리면 우리도 부자가 된데이. 크레용도 사 주고 운동화도 사 줄꾸마."

그것은 허황된 꿈처럼 보였다. 불면 꺼질까 쥐면 터질까 애지중지하며 딸기 모종을 돌보았다. 봄이 되어 딸기 모종에서 발이 나가고 꽃이 피더니 열매가 달리기 시작했다. 연둣빛 딸기가 열리더니 차츰 붉게 익어 갔다. 얼마쯤 시간이 지나고 드디어 잘 익은 딸기를 땄다.

나는 딸기 광주리를 지게에 지고 마누라는 딸기를 다래끼에 담아 이고 한쪽 손에는 광주리를 들었다. 아이들도 딸기 소쿠리를 이고 들었다. 고갯길을 넘어 두 시간을 걸어서 딸기를 기차에 실었다. 도시에 가서 딸기 도매상들에게 딸기를 팔았다.

할아버지는 도전 정신이 강했다. 딸기 농사 덕분에 고모와 아버지가 도시에 나가 공부를 할 수 있었다. 창해는 할아버지가 머슴이었다고 창피해했던 자신이 한없이 부끄러웠다. 할아버지의 손은 흉측한 게 아니라, 우리 집안 살림을 일구어 낸 자랑스러운 손이었다.

예로부터 '내 나무'라고, 아이가 태어나면 그 아이 몫으로 나무를 심는 풍습이 있다. 오동나무와 소나무를 주로 심는데 나는 손주들이 태어났을 때 감나무를 심었다.

감나무는 참말로 귀한 나무다. 수명이 길고 단풍이 아름다운 데다 벌레가 생기지 않아 키우기도 쉽다. 단감, 홍시, 곶감을 주니 얼마나 고맙냐! 그래서 손주들이 태어날 때마다 감나무처럼 베푸는 사람이 되라고 감나무를 심었다. 창해가 오면 감나무 잎으로 딱지를 접어서 놀았다.

"감나무 잎으로 딱지도 만들었어? 난 고무 딱지만 갖고 놀았는데, 넌 어렸을 때 할아버지랑 별거 다 해 봤네."

그 부분을 컴퓨터에 옮기던 강호가 부러운 듯 말했다.

"내 나무, 이야기가 인상적이야."

"너도 반디골에서 아무거나 마음에 드는 나무를 골라잡아."

"정말? 그래도 돼?"

"물론 먼저 재판에 이겨야겠지."

"당연히 이길 거야. 그때 반디골 입구에 들어섰을 때 향기 나던 나무, 이름이 뭐야?"

강호가 창해보다 더 열성적이었다.

"아, 그거? 이름이 은목서야. 잎이 두껍고 무성한데 별처럼 작은 꽃이 총총 박혀 있어. 요즘은 꽃이 피어서 향기가 나지만 보통 때는 무뚝뚝하고 아무 멋도 없어 보여. 그냥 듬직하게 울타리를 지키고 있지.”

"나, 그 나무, 내 나무 할래."

창해는 은목서의 외로워 보이는 모습이 마치 강호의 마음을 닮았다고 생각했다.

창해 학교에서 조부모의 날 행사를 한다고 초청장을 보내왔다. 나는 소풍 가는 날처럼 그날을 손꼽아 기다렸다. 학교에 도착하니 아이들이 많이 모여 있었지만 군계일학, 우리 창해만 눈에 들어왔다. 그런데 창해는 왜 왔느냐고 나를 못마땅해했다.

게다가 내가 주책을 부리고 말았다. 아이들에게 당부의 말을 한다는 게 그만 잔소리를 늘어놓은 것이다. 창해는 화가 많이 나서 나에게 따졌다.

"할아버지, 그런 말은 나한테만 하면 되지 왜 우리 반 애들한테까지 해요?"

생전 말대꾸 한마디 없던 창해였는데……. 그 후로 창해는 나만 보면 입을 꾹 다물었다. 내가 창해 체면을 깎아 먹은 것 같다.

이젠 창해가 반디골에도 잘 오지 않는다. 문화 센터 선생님이 손주와 휴대폰으로 문자를 보내고 통화도 하라고 했다. 그래서 창해 휴대폰 사 주라고 고추 판 돈을 애비에게 주었다. 그런데 애비도 나처럼 똥고집이다. 아직 휴대폰 살 나이가 아니란다. 속이 터진다. 창해가 언제 또 올까 기다린다.

할아버지의 글을 읽어 내려가던 창해의 눈이 멈추었다.

조부모의 날에 승민이 할아버지는 양복을 잘 차려입고 귀빈 대접을 받았다. 할아버지는 산신령처럼 허연 머리, 허연 수염에 개량 한복을 입고 왔다.

강당에서 학예회를 마치고 교실에서 '대화의 시간'을 가질 때였다. 승민이 할아버지는 큰 꿈을 갖고 멋진 사람이 되라고 말했고, 할아버지는 물건을 아껴 써라, 자기 일은 스스로 해라, 선생님을 하늘같이 존경하라는 둥 호랑이 담배 피우던 시절의 이야기만 늘어놓았다. 채연이만 초롱초롱한 눈으로 듣고 있었고 다른 아이들이 딴짓을 하며 웅성거리자 할아버지는 듣는 태도가 바르지 않다며 야단까지 쳤다. 창해는 친구들에게 미안해서 안절부절못했다.

'할아버지도 알고 계셨구나.'

그날 기분이 좋았던 할아버지와 달리 불퉁거리던 자신의

모습이 떠올랐다.

'어떡하지? 책이 완성되면 식구들도 내가 한 짓을 알게 될 텐데……'

창해는 순간적으로 이 부분을 빼 버리고 싶은 마음이 불쑥 들었다.

'아, 나도 정말 한심하다. 승민이를 돌연변이라고 할 일이 아니야.'

창해가 고민하고 있을 때, 병원에 들렀던 아버지가 집으로 돌아왔다. 고개를 돌려 시계를 보니 벌써 밤 10시가 훌쩍 넘었다. 열중하느라 시간이 이렇게 된 줄도 몰랐다.

"열심히 하고 있구나. 고맙다, 강호야. 늦었는데 이제 집에 가야지. 부모님이 걱정하실라."

아버지가 강호의 머리를 쓰다듬었다.

"아빠, 강호는 손이 안 보일 정도로 자판을 치는 속도가 빨라요."

창해가 강호를 추켜세웠다.

"대신 오타가 많아서 나중에 수정해야 될 거야."

강호가 머리를 긁적이며 말했다.

"괜찮아, 어차피 편집할 때 정리하면 돼."

강호가 인사를 하고 밖으로 나오는데, 창해와 창해 아버지가 따라나섰다. 창해와 창해 아버지가 엘리베이터를 타고 1층까지 따라 내려오자, 강호는 그제야 자기를 집까지 바래다주려고 하는 것을 알았다.

강호는 큰길 건너에 있는 아파트에 살았다.

"괜찮아요. 저 혼자 갈 수 있어요."

강호가 사양했지만 창해 아버지는 강호와 창해 뒤에서 조금 떨어져서 걸었다.

창해가 자기 집의 규칙을 말할 때마다 강호는 창해 아버지는 아이들을 특이한 방법으로만 가르치려 한다고 비웃었다.

하지만 실제로 만난 창해 아버지는 자상하고 따뜻한 데다가 창해가 하는 말을 잘 들어 주고 믿어 주었다.

강호는 창해네 집 분위기가 부러웠다. 자기 집과는 딴판이었기 때문이다.

"지금까지 난 세종 대왕이나 이순신 장군처럼 나라를 위해 업적을 남긴 분들만 위대한 줄 알았는데, 창해 너희 할아버지도 위대한 분인 것 같아. 온갖 어려움을 이겨 내고 집안을 일으켰잖아."

"고마워, 강호야. 자서전 만들기 정말 잘한 것 같아. 특히 너하고 같이."

"반딧불이의 노래를 읽으면서 너희 할아버지가 너를 얼마나 사랑하는지 느꼈어."

강호의 말투가 한결 의젓해졌다.

"나도 이번에 할아버지에 대해서 많이 생각해 보게 되었어."

창해가 강호를 보면서 웃었다.

집 앞에 도착한 강호가 창해와 인사하고 돌아섰을 때, 등 뒤에서 따뜻한 눈길이 느껴졌다. 그런데 이상하게 슬펐다.

반딧불이의 노래

강호는 며칠째 창해네 집을 들락거렸다. 드디어 오늘 '반딧불이의 노래' 작업을 모두 마무리했다. 이제 창해네 집에 갈 일이 없어졌다고 생각하니 섭섭하기까지 했다. 집에 들어섰는데 웬일로 일찍 온 부모님이 강호를 기다리고 있었다.

"어디서 뭐 하다 이제 오냐?"

아버지가 퉁명스럽게 쏘아붙였다.

"창해네서 같이 할 일이 있어서요."

강호가 공손하게 대답했다.

"게임방 이름이 '창해네'로 바뀌었냐?"

아버지는 꽈배기를 먹은 것처럼 비비 꼬았다.

"날마다 창해네서 저녁 늦게까지 일이 있었다고? 차라리 조별 과제라도 했다고 둘러대시지?"
"창해네 집에 전화해 보세요."
강호는 화가 났지만 참았다.
"네 체면이 있지, 어떻게 그러냐?"
아버지가 주춤했다.
"내 체면이 아니고 아빠 체면이겠지요?"
"그래, 창해 집에서 뭘 했는데?"

"비밀이라서 지금은 말할 수 없어요. 조금 있으면 다 아시게 될 거예요."

"허, 누굴 바보로 알고. 비밀이라고?"

아버지가 콧방귀를 뀌었다.

강호는 더 대꾸하기 싫어서 방으로 들어갔다. 엄마가 걱정스러운 눈빛으로 지켜보더니 방으로 따라 들어왔다.

"사실을 말해도 내 말을 안 믿잖아? 그럼 내가 어떻게 하라고?"

"엄마가 바빠서 늦게 오면, 너는 저녁 먹고 학원 갔다가 집에 와서……."

"난 학교 갔다가 다시 학원 갔다가 숙제하고 잠자는 로봇이 아니에요. 같이 저녁 먹을 가족도 필요하고 이야기할 사람도 필요해요. 그래서 창해랑 같이 저녁도 먹고 할 일도 했어요."

"미안해. 오늘은 엄마가 일찍 와서 너 기다렸단 말이야."

강호 아버지는 스포츠용품점을 운영했다. 그래서 여러 가지 스포츠를 즐기는 사람들과의 모임이 많았고, 저녁에 모임에 갈 때면 늘 엄마가 늦게까지 가게를 보았다.

"그럴 필요 없어요. 제 일은, 제가, 알아서 할게요."

강호는 또박또박 힘주어 말했다.

"강아지 한 마리 사 줄까? 심심하지 않게."

"이젠 강아지한테 저를 맡기려고요?"

"화만 내지 말고. 너도 이제 다 컸잖아? 엄마하고 놀 나이도 아니고."

"네, 알겠다고요."
강호는 엄마를 밀어내고 방문을 닫았다.

*

창해는 자서전에 넣을 사진을 찍으러 아버지와 반디골에 갔다. 그전에는 예사로 보였던 반디골의 모습이 오늘은 특별해 보였다. 황토 집 창호지 문의 국화 무늬도, 할머니가 사용하던 돌절구도 사진에 담았다. 창고 안 천장에는 할아버지가 씨앗 봉지를 주렁주렁 달아 놓았다. 구석에는 연실을 그대로 감아 둔 얼레, 썰매와 나무로 만든 목마도 있었다. 할아버지가 창해를 위해서 만든 장난감들이었다. 그것들에는 하나하나 이야기가 담겨 있었다. 창해는 장난감들을 꺼내 놓고 사진을 찍었다.

"할아버지 손은 만능이야. 농기계 수리는 말할 것도 없고 뚝딱뚝딱 못 만드는 게 없었어."

감나무에는 풍성하게 달린 감이 붉게 익어 갔다. 창해 감나무는 붉은 감을 꽃처럼 주렁주렁 달았다. 무게를 이기지 못한 나뭇가지가 분수 물줄기가 떨어지듯 늘어져 있었다.

창해는 감나무 사진을 많이 찍었다. 반디골 전경을 파노라

마로도 촬영했다. 신기했다. 마치 전문가가 된 기분이었다.

"할아버지가 반딧불이의 노래를 컴퓨터로 옮겨 달라고 하신 게 실은 읽어 달라는 뜻이었어요. 할아버지의 삶을 알아 달라고, 이해해 달라는 의미였어요. 안 읽었으면 할아버지의 역사도 할아버지도 다 사라질 뻔했어요."

"나도 어린 시절부터 아버지와 함께 고생해서 잘 안다고 생각했는데, 공책을 읽어 보니 나도 모르고 있던 부분이 많더라고."

아버지가 부끄러운 듯 고개를 숙이며 말했다.

"할아버지의 손자라면 할아버지에 대해 그 정도는 당연히 알아야겠지요. 할아버지의 자서전은 위대한 유산이에요."

"고맙다, 창해야."

아버지가 나무에서 단감을 따서 건네주었다. 창해가 한입 베어 물어 보니 사각사각하고 달콤했다.

"단감은 오늘 따고, 곶감 만들 것은 서리를 맞히고 천천히 따자."

아버지와 창해는 단감을 따서 소쿠리에 담았다. 창해는 단감을 몇 개 가방에 담아서 강호네 집에 들렀다.

강호 엄마가 문을 열어 주는데 표정이 좋지 않았다.

"창해구나. 강호는 이제 못 노는데……."

"이거 반디골에서 딴 거예요. 강호하고 같이 먹고 싶어서요. 강호가 이번에 저희 집 일을 많이 도와주었어요."

"그래, 잘 먹을게. 엄마한테 고맙다고 말씀드려."

강호 엄마는 여전히 굳은 표정이었다. 창해에게 들어오라는 말도 하지 않았다.

강호 얼굴도 보지 못하고 문이 닫혔다.

창해는 뭔가 뒤엉킨 것 같은 강호네 집 분위기 때문에 마음이 답답했다.

*

자서전 만들기 작업은 일사천리로 진행되었다. 아버지가 사진을 넣어 편집을 하고 엄마가 몇 차례 읽어 보며 교정을 보았다. 책을 만들어 주는 업체에 맡겨서 겉표지를 디자인하고 인쇄를 했다. 할아버지의 노트와 완성된 자서전을 변호사에게 보냈다.

창해는 자서전을 들고 병원으로 갔다. 할아버지는 언어 치료와 재활 치료를 받을 정도로 상태가 좋아졌지만, 아기처럼 발음이 어눌했다.

할아버지는 자서전을 펼쳐 보고 창해의 머리를 쓰다듬었다.

"고마다. 우리 차해가 마드어서. 바디골은 내 인새이다. 허되게 하지 마라."

"걱정 마세요. 어떻게 하든 창해하고 반디골을 지키려고 해요."

아버지가 할아버지를 안심시켰다.

할아버지는 자서전을 친척들과 아는 사람들에게 나누어 주라고 했다. 문화 센터 선생님과 할아버지의 친구들에게도 전하라는 말을 잊지 않았다.

그때 승민이 할아버지가 문을 열고 병실로 들어왔다. 뜻밖의 상황에 창해는 깜짝 놀랐다. 할아버지가 쓰러졌다는 소문이 동네에 퍼졌을 때 동네 사람들이 모두 병문안을 왔지만 승민이 할아버지는 오지 않았다.

창해는 화가 치밀어 올라서 승민이 할아버지를 노려보았다.

'배신자.'

할아버지와 승민이 할아버지는 말 대신에 서로 손을 맞잡고 눈시울을 붉혔다. 눈만 마주 보아도 서로의 마음을 다 아는 것 같았다. 긴 세월 동안 얽힌 연민이 흘렀다. 창해는 인사를 하고 조심스럽게 책을 내밀었다.

"이거 제 할아버지 자서전이에요. 할아버지가 공책에 써 둔 것을 제가 컴퓨터로 옮겨서 책으로 만들었어요."

승민이 할아버지가 책을 받아서 펼쳐 보았다.
"반딧불이의 노래? 멋지구나!"
"우리 할아버지는 자신을 작지만 빛을 내어 사방을 밝히는 반딧불이라고 생각하셨어요."
"흐으음, 그래."
승민이 할아버지는 고개를 끄덕였다.
"창해가 있어서 네 할아버지는 아무 걱정이 없겠구나. 옛날에 네 할아버지가 형님처럼 나를 학교에 데리고 다녔다. 공부하는 데 뒷바라지를 해 주셨단다."
'그런데 왜 그러셨어요? 왜 우리 할아버지를 배신했냐고요?'
창해는 그렇게 소리치고 싶었다. 설움이 복받쳐서 눈물만 흘렸다.
흠흠, 승민이 할아버지는 헛기침을 하며 서둘러서 병실을 떠났다.
처음부터 상전과 하인이기를 거부했던 승민이 할아버지였다. 하지만 핏줄보다 가까워도 진짜 형제는 아니었고, 남보다는 가깝지만 친구도 아니었다. 소중한 사람을 지켜 주지 못했다. 왜?
창해는 승민이 할아버지를 뒤따라갔다.

"할아버지, 부탁이 있어요."

승민이 할아버지가 뒤돌아서서 창해를 보았다. 두 눈이 젖어 있었다.

"……."

"우리 할아버지 책을, '반딧불이의 노래'를 꼭 읽어 주세요."

"그래……. 약속하마."

돌아가는 승민이 할아버지의 발걸음이 무거워 보였다.

가장 가까운 구조대

창해는 번개 구조대를 만나 번쩍 대장에게 감사 인사를 하고 싶었다. 강호가 믿지 않을 것 같아서 조심스럽게 번개 구조대 이야기를 꺼냈다. 그런데 강호는 의심하기는커녕 자신도 번개 구조대를 만나고 싶다고 했다. 둘은 번개 구조대를 찾아서 자전거를 타고 돌아다녔지만 어디에서도 보이지 않았다. 가끔 119 구조대 차가 사이렌 소리를 요란하게 울리며 거리를 질주할 뿐이었다.

"번쩍 대장 말이야, 누구라고 생각해?"

강호가 물었다.

"내가 엄마한테 말했더니 삼신할매 같대. 삼신할매가 아이들 생명을 구하러 올 때가 있단다. 우리 할아버지가 홍수에 떠내려갈 때도 구해 주셨다고 했어."

"나도 꼭 번쩍 대장을 만나고 싶어. 나도 구조되고 싶거든."

"할아버지나 나는 목숨을 잃을 수도 있는 절체절명의 순간이었기에 삼신할매가 도와준 거였어. 운도 좋았지. 그런데 강호야, 대부분은 사람이 사람을 구조하잖아. 가족도 있고, 이웃, 119 구조대처럼 사회에 함께 살고 있는 사람들이. '신은 모든 곳에 있을 수 없어서 엄마를 보냈다.'라는 말도 있잖아. 먼저 엄마한테 구조 요청을 해 봐. 그리고 이건 내가 방금 지은 말인데, '신은 모든 곳에 있을 수 없어서 친구를 보냈다.' 이건 어때? 그러니까 나도 널 구조할 수 있다고 생각해."

창해가 진지하게 말했다.

"그 말, 책에서 읽었지? 나도 독서 동아리 다시 들어가야겠다."

강호의 눈에 부러움이 가득 찼다.

"나도 이번에 깨달은 게 많아. 평소에 과학책이나 역사책은 많이 읽었지만, 경제나 법에 대해서는 아는 게 하나도 없었거든. 나중에 법률도 공부해서 우리 할아버지처럼 힘없는 사람을 돕고 싶어."

"나도 꿈이 바뀌었어. 탐정이 되어서 나쁜 사람을 찾아내고 억울한 사람들에게 힘이 되고 싶어."

두 사람은 한마음이 되었다.

"널 어떤 위험에서 구조해야 하는데?"

창해가 진지한 표정으로 묻자 강호가 결심한 듯 말했다.

"아빠가 나를 맨날 의심스런 눈으로 보고 잔소리만 늘어놓아. 너네 집에 갔다가 늦었을 때, '피시방 이름이 창해네 집으로 바뀌었냐?'라고 하더라."

강호는 아버지 말투를 흉내까지 냈다.

"아빠하고 시간을 좀 가져 봐."

"아빠는 바빠. 평소에는 여러 가지 모임이 되게 많고, 주말에도 낚시 간다고 새벽에 나갔다가 저녁에 와. 아빠는 사람 만나는 게 일하는 거래."

"아빠 사랑을 의심하지는 마. 네가 아빠랑 시간을 보낼 수 있게 우리 작전을 짜 볼까?"

"에이, 뭘……. 아빠랑 둘만 있으면 무슨 말을 해야 할지도 모르겠고 엄청 서먹할 것 같아."

"아빠랑 같이 자전거를 타는 거야. 자전거 길을 따라서 죽 갔다가 그냥 돌아오면 돼. 내가 화나면 우리 아빠가 사용하는 방법인데, 말을 할 필요가 없어. 마법 같은 일이 일어날 거야. 너하고 반디골 가던 날, 너랑 자전거를 타고 가면서 너한테 갖고 있던 마음속 응어리가 모두 풀렸어."

"그건 나도 그랬어."

강호가 창해를 보고 히죽 웃었다.

*

강호가 집에 도착했을 때 엄마가 강호를 기다리고 있었다. 아무 말 없이 부루퉁한 얼굴로 강호가 방으로 들어가는데 엄마가 따라 들어왔다.

"강호야, 창해 엄마한테 전화 받았어. 네가 많이 도와줘서 일이 잘 되었다고. 엄마는 전혀 몰랐는데 우리 강호가 그런 멋진 일을 하고 다녔네."

"말해도 안 믿었잖아?"

"미안해. 네가 그동안 거짓말을 하도 많이 해서 믿을 수가 없었어. 네 책임도 있다, 뭐."

엄마가 애정 어린 눈으로 강호를 흘겨보았다. 그제야 강호는 창해 할아버지 자서전에 얽힌 이야기를 미주알고주알 펼쳐 놓았다.

가장 가까운 구조대 | 157

"대단하다. 어쩜, 우리 아들 명탐정 같네."

"엄마, 나…… 아빠하고 자전거 타러 가고 싶어. 아빠가 허락할까?"

"진짜? 가면 정말 좋지. 네가 다 컸다고 방문 걸어 잠그고 말하기도 싫어했잖아? 친구들하고만 몰려다니고 우리하고는 같이 외출하는 것도 싫다고 까칠하게 굴어서 아빠도 많이 속상해했어."

엄마는 강호 아버지와 강호 사이에 샌드위치처럼 끼어서 힘들었다고 했다.

"그건 엄마, 아빠가 내 마음을 몰라주니까 그랬지."

"제발 아빠하고 화해하고 잘 지내 주라. 나 좀 살자. 네가 화내면 아빠가 나를 얼마나 들들 볶는 줄 아니?"

곧이어 엄마가 중요한 계획이라도 세우는 듯 진지한 목소리로 말했다.

"내일 저녁에는 아빠가 중요한 모임이 있으니까 오전에 같이 가면 되겠다. 엄마가 아빠한테 잘 말해 둘게."

*

아침부터 엄마는 김밥을 싸고 간식을 챙기느라 분주했다.

생수와 땀 닦을 수건도 가방에 담고, 강호 아버지 자전거도 베란다에서 꺼내 반질반질하게 닦아 놓았다.

아버지는 떨떠름한 얼굴로 이렇다 저렇다 별말이 없었다.

"요즘 강호가 게임도 줄였어. 당신이 칭찬 많이 해 줘요."

간밤에 엄마가 무슨 말을 했는지 아버지도 딱히 거절하지 않고 떠밀리듯 밖으로 나왔다. 엄마가 두 사람을 배웅하며 너스레를 떨었다.

"강호, 아빠랑 파이팅!"

"우리가 뭐 싸우러 가나?"

아버지가 피식 웃으며 앞장섰다. 두 사람은 말없이 달리며 중간중간 쉬었고 함께 점심을 먹었다.

"아빠, 괜찮아? 힘 안 들어?"

"넌 안 힘드냐? 아들 많이 컸다, 어느새."

아버지는 땀에 젖은 강호의 머리카락을 털어 주었다.

강호는 자전거를 타고 달리는 내내 아버지를 챙겨 주고 길을 리드했다.

터질 것 같던 두 사람 사이의 불만과 미움이 가을바람에 훌훌 날아갔다.

그날 오후, 강호와 아버지가 집에 돌아왔을 때는 떠날 때의 모습이 아니었다. 온몸이 땀에 젖고 지친 모습이었지만

보이지 않는 무언가가 두 사람을 단단히 묶어 놓은 것 같았다. 아버지는 저녁 모임을 취소하고 강호와 함께 시간을 보내기로 했다.

강호는 아버지와 함께 거실 소파에 앉았다. 집 안에서 같은 공간에 오래 머무르는 것도 오랜만이었다.

"이거 뭐냐?"

아버지가 탁자 위에 놓여 있는 책을 들고 물었다.

"창해 할아버지 자서전인데 저하고 창해가 만들었어요."

아버지는 책을 스르륵 넘겨 보았다.

"멋진데? 나중에 내 자서전도 만들어 줄 거지?"

"아빠 거는 아빠가 만들어요. 창해 할아버지가 공책에 연필로 다 적어 둔 걸 우리가 컴퓨터로 옮기기만 한 거예요."

우정과 우정

재판 날짜가 다가오자 창해는 점점 초조해졌다. 이길 거라고 믿으면서도 불안했다. 그런데 깜짝 놀랄 소식이 전해졌다. 돌연 재판이 취소되었다고 했다.

"승민이 할아버지가 재판을 취소하셨다고요?"

"정말 잘되었지 뭐냐! 승민이 할아버지는 자기가 잠시 사리 분별을 못 하고 어리석은 행동을 했다며 용서를 빌었어. 진작 승민이 아버지를 말리지 못한 걸 후회도 하셨고."

아버지가 흥분을 감추지 못한 채 말했다.

"와, 그럼 이긴 거예요?"

"재판 없이 이기는 게 제일 좋은 재판이란다. 아마 '반딧불이의 노래'를 읽고 옛날 생각을 하셨을 거야. 그래서 마음을 돌리신 것 같아."

창해는 얼떨떨했다. 기록으로 남기는 일이 얼마나 큰 힘을 발휘하는지 놀랐다.

"승민이 할아버지는 할아버지와의 우정이 형제의 정보다 더 크고 진하다고 하셨어."

"역시 승민이 할아버지 가슴에는 김 진사의 가르침이 살아 있었어요."

승민이 할아버지는 김 진사의 아들다웠다.

승민이 할아버지가 승민이 아버지에게 부자의 연을 끊겠다며 뜻을 굽히지 않았고, 창해 할아버지에게 유리하도록 증언을 하겠다고까지 하자 결국 승민이 아버지가 재판을 취하하고 말았다.

할아버지는 김 진사가 써 준 증서를 찾았다는 말을 창해에게 들었을 때, 기쁨의 눈물을 흘렸다. 그러면서 승민이 아버지가 이 소동을 일으키지 않았다면 증서를 사용할 일도 없었을 거라고 했다.

"아마 네 할머니는 일단 급하게 그 집에 감추어 두고 나중에 기회를 보아 가지고 나올 생각이었겠지. 세상에! 나으리 방의 다락문에 숨긴 줄 어찌 알았겠냐. 네 할머니는 꾀가 많

아. 그걸 손자가 찾아내다니, 너도 할머니를 닮았어."

발음도 몰라보게 정확해진 할아버지가 활짝 웃었다.

창해네 집은 축제 분위기였다. 할아버지는 몸이 다 나아서 날아갈 것 같다고, 당장 걸어서 집으로 갈 수도 있겠다고 하면서 큰소리를 쳤다.

※

창해는 승민이가 걱정되었다. 다행히 승민이는 풀이 죽거나 의기소침하지 않고 여전히 씩씩했다. 배드민턴 대회가 일주일 앞으로 다가왔을 때 승민이가 갑자기 배드민턴을 그만두겠다고 했다.

"너, 왜 그래? 너희 할아버지한테 멋진 모습을 보여 드려야지."

강호가 달래듯 말했다.

"상관하지 마, 이 배신자야. 그리고 넌 우리 집에 돈 많을 때는 나한테 붙더니 이제는 창해한테 붙은 거냐?"

승민이가 불만이 가득한 눈으로 강호를 노려보았다.

승민이 할아버지는 더 이상 학교에 간식이나 선물을 사 오지 않았고, 승민이도 비싼 물건을 가지고 와서 자랑하거나 허세를 부리지 않았다. 아이들을 멋대로 조종할 수 없게 되자 강호에게 억지를 부리려는 것 같았다.

"뭐? 말도 안 되는 소리 하지 마. 난 누구한테도 붙지 않아. 난 나니까."

강호가 힘주어 말했다.

"난 너희 할아버지를 존경했어. 너희 할아버지가 주신 간식이나 선물 때문이 아니라 우리를 사랑해 주는 마음에 반한 거야. 알고 보니 창해 할아버지도 고아였지만 빈손으로 자신의 인생을 개척한 위인이었어. 내가 존경하는 장영실처럼."

"그게 우리 할아버지를 배신한 거야."

"아니야, 존경하는 사람이 여럿일 수도 있어. 나는 여전히 네 증조할아버지도 네 할아버지도 존경해."

강호는 승민이 할아버지가 내린 마지막 결단에 감동을 받았다.

"내가 유학을 못 가게 되어서 고소하겠다."

승민이는 계속 어깃장을 놓았다.

"나 그렇게 쪼잔하지 않아. 네가 유학 가면 따라가서 같이 놀려고 했는데 나도 엄청 아쉽다고."

강호가 솔직하게 말했다.

"난 돈이 없어 못 가는 게 아니야. 너희들과 재미있게 놀려고 안 가는 거지."

"알았어. 그러니까 배드민턴 그만둔다느니 그런 말은 하지 마."

말싸움으로 강호를 이길 사람은 없었다.

"우린 파트너야. 나한테 불만이 있더라도 스포츠는 스포츠야. 최선을 다해."

"……."

승민이는 깊은 생각에 빠진 듯 아무 말도 하지 않았다.

"우린 여전히 환상의 복식조야."

강호가 승민이 어깨를 툭 쳤다.

*

드디어 배드민턴 대회 날이 밝았다. 아이들은 아침 일찍부터 대회장에서 몸을 풀고 있었다.

승민이 할아버지가 창해 할아버지가 앉은 휠체어를 밀고 대회장으로 들어왔다. 그 모습이 사이좋은 형제처럼 보였다. 창해가 돌아보며 손을 흔들었다.

창해는 단식 경기에서 상대를 가볍게 눌렀다. 강호와 승민이가 제일 큰 목소리로 창해를 응원했다.

강호는 승민이와 함께 복식 경기에 나섰다. 강호는 경기 중에 자신의 이름을 부르는 소리를 들었다. 힐끗 돌아본 곳에는 아빠가 서 있었다. 손목에 힘을 주고 스매싱을 했지만 상대가 공격을 잘 막아 냈다. 강호와 승민이는 손에 땀을 쥐게 하는 접전을 펼친 끝에 겨우 상대 팀을 이길 수 있었다. 경기를 마치고 강호가 관중석을 둘러보았지만 아빠는 바람처럼 사라지고 없었다. 강호는 섭섭하지 않았다.

대회가 끝났을 때, 승민이 할아버지가 후원회장으로 여러 사람들에게 인사를 받았다. 아이들에게 나누어 준 간식은 홍시였다. 커다란 주황색 감은 보기만 해도 먹음직스러웠다.

"내 나무에서 딴 대봉감이야."

창해가 손에 묻히지 않고 홍시 껍질까지 다 먹는 방법을 보여 주면서 말했다.

창해 할아버지가 승민이와 강호를 불렀다.

"안녕하세요?"

강호와 승민이가 할아버지에게 다가와 꾸뻑 인사를 했다.

"승민이는 자랄수록 네 증조할아버지를 닮아 가는구나. 그분은 정말 훌륭한 어른이다. 내가 평생 그분에게 사랑의 빚을 졌지."

할아버지는 인자한 미소를 지으며 승민이 등을 토닥거렸다.

"창해야, 친구들이랑 같이 갈 데가 있다."

"어디로요?"

"이 할아비가 준비한 게 있다. 곧 중학교에 올라가니 할아비가 선물을 사 줘야지."

"할아버지, 승민이도요?"

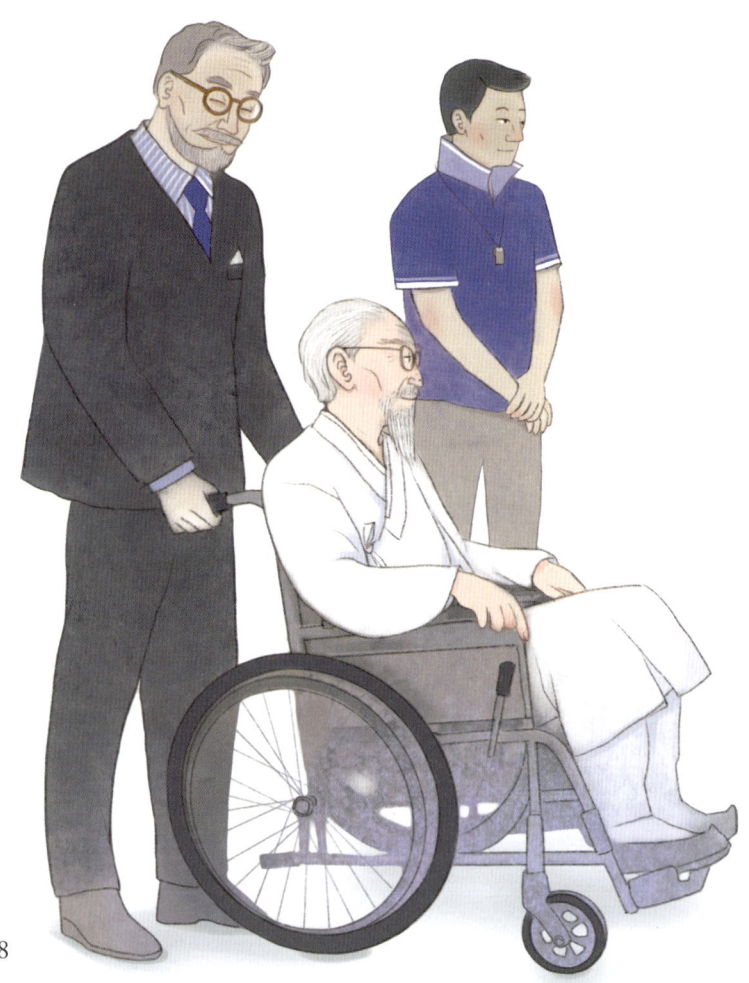

"승민이도, 강호도 같이 가자."

창해는 영문을 몰라 뜨악한 눈빛으로 할아버지를 마주 보았다. 할아버지는 통 크게 쏘실 요량이었다.

"누가 손자에게 인기 얻는 법이라고 가르쳐 주더구나. 이제 실천할 기회가 왔다."

가방 가게에 도착한 창해는 가방 여러 개를 꼼꼼하게 살폈다. 디자인을 살피고 가격을 살피고 직접 메어 보고 어떤 가방이 제일 좋을지 깐깐하게 따졌다. 그리고 무엇보다 자기 분수에 맞는지를.

"창해는 자기 할아버지하고 완전 붕어빵이야."

강호가 말했다.

"놀라운 유전자가 어디 가겠냐?"

승민이도 당연하다는 듯 인정했다.

"승민이 속에도 김 진사 할아버지의 정의로운 유전자가 흐르고 있을 거야."

창해가 진지하게 말했다.

창해와 친구들은 가방을 하나씩 선물로 받았다.

제법 괜찮은 가방을 세 개나 사려니 돈이 꽤 많이 들었을 텐데도 할아버지 얼굴에 웃음꽃이 활짝 피었다.

"새 가방에는 새로운 것을 담아야 한다."

할아버지가 의미 있는 말씀을 했다.

"너희 할아버지 참 지혜로우신 것 같아."

강호가 창해 귀에 대고 속삭였다.

"창해야, 미안해."

그때 승민이가 불쑥 무뚝뚝하게 말했다.

창해는 자기 귀를 의심했다.

승민이는 진지한 표정으로 말을 이었다.

"내가 놀리려는 걸 뻔히 알면서도 너희 할아버지 공책 때문에 순순히 머슴을 하겠다고 했을 때, 난 벌써 너한테 졌다는 걸 알았어. 며칠이지만 너하고 같이 등교해서 참 좋았어."

그리고 결심한 듯 속마음을 털어놓았다.

"나도 우리 할아버지를 사랑하지만 할아버지를 위해 무엇을 해 드린 적은 없어. 네가 친구지만 존경스러워."

"승민이 너, 벌써 이솝 우화를 다시 읽은 거야?"

창해가 활짝 웃었다.

| 작가의 말 |

나는 누구인가?

무엇을 할 수 있고 노력해도 안 되는 일은 무엇인가?

아침형 인간이고 노력형 인간인 내게도 안 되는 일이 너무 많아 DNA를 추적해 보았다.

우리는 부모님이나 조부모님을 닮았다. 외모뿐 아니라 성격, 목소리, 식성, 생활 습관까지도 부모님의 DNA를 물려받았다.

나도 모르는 새 나를 지배하고 있고 내 의지와 상관없이 불쑥불쑥 튀어나와 나를 빛나게도 해 주지만 나를 불편하게도 하는 DNA를!

책 속 주인공 창해네 가계도에 흐르는 DNA.

할아버지는 가족을 사랑하고 근검절약, 부지런함, 불굴의 의지를 갖고 있다. 그것을 고스란히 이어받은 아버지. 하지만 현대를 살아가는 창해에게는 시대에 맞지 않는 것 같은 그런 DNA가 불편하기만 하다. 우여곡절 끝에 할아버지와 집안이 어려움에 처하자 창해 안에 흐르던 유전 인자들이 빛을 발하기 시작한다. 큰 도움이 되는 것은 할머니에게서 흐르는 DNA, 재치와 셜록 홈스처럼 논리적으로 생각하는 힘이었다. 창해 자신도 모르는 사이 집안에 흐르는 DNA 특성으로 온 힘을 다해 가족을 사랑하는 아이였다.

"할아버지 닮아서 고집도 세고 부지런해."

"할머니 닮아서 손이 크고 정이 많아."

"아빠 닮아서 허풍 세고 용감해."

"엄마 닮아서 꼼꼼하고 솜씨가 좋아."

참 듣기 좋은 말들이다.

나의 조부모님은 농부였고 외조부모님도 농부였다.

어머니는 황금 손을 가진 농부였다. 작물마다 30배, 60배, 100배의 결실을 거두는 농사 천재였다. 고추밭에서 쓰러지시자 2년만 더 살기를 소원하셨다. 콩 농사를 멋지게 지어 나누어 주고 싶다고. 하지만 그 뜻을 이루지 못하고 돌아가셨다.

나는 동화를 쓰면서 농사를 짓고 있다. 농부가 된 것이다. 어머니에게서 흘러온 강한 생활력과 의지, 농부 DNA. 컴퓨터 앞에서 글밭을 가꾸다가 호미를 들고 채소밭에 나가 앉으면 즐겁다.

내 의지와 상관없이 물려받은 DNA.

학생 때는 공부 천재 DNA를 물려받은 친구들을 참 부러워했다. 그리고 한때는 나에게 천재적인 작가가 될 DNA가 없어서 슬퍼하고 괴로워하기도 했다.

그러나 친구들과 다른 DNA를 가졌다 해도 나의 DNA가 마음에 들지 않는다 해도 기죽거나 부끄러울 이유는 없다.

그것은 나의 뿌리이고, 나를 나답게 해 주는 것이니까. 잘 가꾸고 잘 사용하면 즐겁다.

매화마을 꽃나루에서
이하은